가슴 찡한 우리 이웃들의 이야기

연
탄
길

2

가슴 찡한 우리 이웃들의 이야기
연탄길 2

초 판 발 행 | 2002년 1월 31일
초 판 34 쇄 | 2002년 11월 27일

지 은 이 | 이철환
펴 낸 이 | 김영일
펴 낸 곳 | (주)도서출판 삼진기획

주   간 | 이형진
기 획 이 사 | 김기태
기   획   팀 | 허윤형, 홍효은
편   집   팀 | 이명일, 홍명숙
마 케 팅 팀 | 박연, 김연규
관   리   팀 | 서명희, 김은실
본 문 그 림 | 김병하

출판등록번호 | 제10-2326호(2002. 3. 6.)
주   소 | 121-882 서울시 마포구 창전동 330번지 서강빌딩 4층
전   화 | (02) 332-5441
팩   스 | (02) 332-5622
홈 페 이 지 | www.samzin.co.kr
E - m a i l | webmaster@samzin.co.kr

Printed in Korea 2002
ISBN 89-7208-170-1(03810)
ISBN 89-7208-177-9(세트)

*잘못 만들어진 책은 구입하신 서점이나 본사로 연락하시면 바꿔드리겠습니다.
*값은 뒤표지에 있습니다.

가슴 찡한 우리 이웃들의 이야기

연탄길

2

이철환 지음

삼진기획

작가의 말

　세상엔 희미하더라도 끝끝내 꺼지지 않는 빛이 있습니다. 그 작은 빛
들은 등불이 되어 세상 어두운 곳을 밝혀주고 있습니다. 나는 이 책을 쓰
기 위해 이곳 저곳 구석진 곳을 헤맸고, 많은 사람들을 만났습니다. 어려
움 속에서도 꿋꿋하게 살아가는 이웃들의 사랑과 헌신에 귀를 기울이며
나는 많이 아파했고 눈물을 흘리기도 했습니다.

　다른 이를 위해 온몸으로 헌신하는 사람들의 이야기, 장애의 몸으로도
남을 위해 애쓰며 살아가는 사람들의 이야기, 가난하지만 오히려 넉넉한
사람들의 이야기, 어둠 속에서도 변치 않는 사랑을 간직한 사람들의 이야
기, 나는 이 감동적인 이야기들을 이 세상 속에 등불처럼 매달아 놓고 싶
었습니다. 그래서 우리가 사는 세상에는 여전히 희망이 남아 있다는 것을
말해 주고 싶었습니다.

　이 책은 《반딧불이》라는 제목으로 1년 전에 출간했던 책입니다. 그런
데 책을 출간한 뒤에 많은 아쉬움이 남았습니다. '어둠을 밝혀주는 우리
이웃들의 이야기'라는 부제와 맞지 않게 제 개인의 이야기가 산문형식으
로 많이 들어갔기 때문입니다. 그것들을 빼야겠다는 생각이 뒤늦게 들었
습니다. 그래서 이번에 삭제할 것은 모두 삭제했고, 부분적으로 수정도
했습니다. 아울러 새로운 이야기와 그림을 더했고 책의 제목도 《연탄길
2》로 바꿨습니다.

　이 책에 나오는 이야기 역시 모두 실화를 바탕으로 쓴 것이며, 주인공
들도 모두 실제 인물입니다. 이 이야기들을 모으고 쓰는 데 7년이란 긴 시
간이 걸렸습니다. 그리고 이야기 하나 하나를 글로 옮기면서 주인공들의

눈물겨운 사랑을 통해 많은 것을 배우고 느꼈습니다. 짙은 어둠 속에서도 절망하지 않는 주인공들의 모습은 언제나 저를 돌아볼 수 있는 반성의 거울이기도 했습니다.

주인공들은 삶에 지쳐버린 이들에게 속삭이듯 말합니다.

'고난이 큰산이 되어 우리 앞에 놓인다 해도, 그 산 뒤엔 여전히 길이 있다… 슬픔 속엔 반드시 그 슬픔을 자를 수 있는 희망이 있다…'고 말입니다.

《연탄길》이 많은 독자들의 사랑을 받고 있어서 기쁩니다. 《연탄길》이 사랑을 받고 있는 것은 《연탄길》 속의 이야기가 바로 우리들의 이야기이며, 우리들 가슴속에 따스한 사랑이 있기 때문이라고 생각합니다.

이 책에 있는 이야기 한편 한편을 읽을 때마다 독자들이 자신의 아름다운 모습을 바라볼 수 있기를 바랍니다. 사람에겐 누구나 자신도 알지 못하는 아름다움이 있으니까요. 그리고 감동이 눈송이처럼 마음속에 쌓일 수 있도록 이 책을 천천히 읽어주시길 당부드립니다.

나팔꽃이 피어 있던 자리에는 누가 씨를 심지 않아도 이듬해에 나팔꽃이 다시 피어납니다. 마찬가지로 주인공들의 사랑은 그 사랑을 닮은 다른 사랑으로 다시 태어날 거라고 저는 굳게 믿고 있습니다.

가난을 통해 사랑을 알게 해주신 아버지, 어머니… 나를 위해 늘 기도해 주는 아내와 장모님, 언제나 내 마음을 씻어주는 사랑하는 딸 슬이, 중요한 결정을 내릴 때마다 용기와 지혜를 더해 준 형에게 감사드립니다. 그리고 자신의 뼈아픈 상처지만, 그 상처가 세상의 등불이 되어줄 거라

믿으며 이야기 수록을 허락해 주신 상병태 선생님, 강민, 지혜 선배. 혜원이 누나, 벗 원영과 정수, 경섭 아저씨, 박정호님, 김미영님, 민경화님, 제자 홍욱이, 환영이, 종민이, 신영이, 현섭이, 서영이, 인혜, 준호, 영수… 그리고 거리의 배고픈 이들을 위해 '다일공동체'를 설립하시고, 가난하고 병든 자들을 위해서 무료병원인 '다일천사병원'을 설립하시느라 너무나 바쁘신 중에도 애정어린 격려를 아끼지 않으셨던 최일도 목사님께 감사드립니다. 그리고 무엇보다 상처가 될까봐 차마 이름을 밝힐 수 없는 분들께도 머리 숙여 감사드립니다.

나는 앞으로도 멈추지 않고 인간의 존엄성을 주제로 우리 이웃들의 감동적인 이야기들을 계속 써나갈 것입니다. 그리고 그 이야기들을 통해 세상과 내가 조금이라도 맑고 밝아질 수 있기를 희망합니다.

이 책을 위해 애써주신 삼진기획 모든 분들의 노고를 잊지 않겠습니다. 그리고 이 책의 처음부터 끝까지 함께해 주신 하나님, 감사드립니다.

2002년 1월
이 철 환

차례

차례

3장··봄을 기다리는 겨울새

1장 ·· 네가 손을 잡아준다면

아버지의 생일

비에 젖은 아침 햇살이 콘크리트 바닥에 얼굴을 비비며 도란도란 속삭이고 있었다. 완섭 씨는 갈색 머리칼을 살랑살랑 흔들고 있는 가로수를 바라보며 졸음에 겨운 하품을 했다. 바로 그때 음식점 출입문이 열리더니 여덟 살쯤 돼 보이는 여자아이가 어른의 손을 이끌고 느릿느릿 안으로 들어왔다.

두 사람의 너절한 행색은 한눈에 봐도 걸인임을 짐작할 수 있었다. 담배 연기처럼 헝클어진 머리는 비에 젖어 있었다. 퀴퀴한 냄새가 완섭 씨의 코를 찔렀다. 완섭 씨는 자리에서 벌떡 일어나 그들을 향해 신경질적으로 말했다.

"이봐요! 아직 개시도 못했으니까, 다음에 와요!"

"…."

아이는 아무 말 없이 앞을 보지 못하는 아빠의 손을 이끌고 음식점 중간에 자리를 잡고 앉았다. 완섭 씨는 그때서야 그들 부녀가 음식을 먹으러 왔다는 것을 알았다. 하지만 식당에 오는 손님들에게 그들 부녀 때문에 불쾌감을 줄 수는 없었다. 더욱이 돈을 못 받을지도 모르는 사람들에게 음식을 내준다는 게 완섭 씨는 왠지 꺼림칙했다.

완섭 씨가 그런 생각을 하며 잠시 머뭇거리는 사이에 여자아이의 가느다란 목소리가 들려왔다.

"저어, 아저씨! 순대국 두 그릇 주세요."

"응, 알았다. 근데 얘야, 이리 좀 와볼래."

계산대에 앉아 있던 완섭 씨는 손짓을 하며 아이를 자기 쪽으로 불렀다.

"미안하지만 지금은 음식을 팔 수가 없구나. 거긴 예약손님들이 앉을 자리라서 말야."

그렇지 않아도 주눅든 아이는 주인의 말에 낯빛이 금방 시무룩해졌다.

"아저씨, 빨리 먹고 갈게요. 오늘이 우리 아빠 생일이에요."

아이는 잔뜩 움츠린 목소리로 그렇게 말하다말고 여기저기 주머니를 뒤졌다. 그리고는 비에 젖어 눅눅해진 천 원짜리 몇 장과 한

주먹의 동전을 꺼내 보였다.

"알았다. 그럼 최대한 빨리 먹고 나가야 한다. 그리고 말이다, 아빠하고 저쪽 끝으로 가서 앉거라. 여긴 다른 손님들이 와서 앉을 자리니까."

"예. 아저씨, 고맙습니다."

아이는 자리로 가더니 아빠를 다시 일으켜 세웠다. 그리고 화장실이 바로 보이는 맨 끝자리로 아빠와 함께 가서 앉았다.

"아빠는 순대국이 제일 맛있다고 그랬잖아. 그치?"

"응…."

간장 종지처럼 볼이 패인 아빠는 힘없이 고개를 끄덕였다.

잠시 후 완섭 씨는 순대국 두 그릇을 갖다 주었다. 그리고 계산대에 앉아 물끄러미 그들의 모습을 바라봤다.

"아빠, 내가 소금 넣어줄게. 잠깐만 기다려."

"…."

아이는 그렇게 말하고는 소금통 대신 자신의 국밥 그릇으로 수저를 가져갔다. 그리고는 국밥 속에 들어 있던 순대며 고기들을 떠서 아빠의 그릇에 가득 담아주었다. 그리고 나서 소금으로 간을 맞췄다.

"아빠, 이제 됐어. 어서 먹어."

"응, 알았어. 순영이 너도 어서 먹어라. 어제 저녁도 제대로 못 먹었잖아."

"나만 못 먹었나 뭐. 근데… 아저씨가 우리 빨리 먹고 가야 한댔어. 어서 밥 떠, 아빠. 내가 김치 올려줄게."

"알았어."

아빠는 조금씩 손을 떨면서 국밥 한 수저를 떴다. 수저를 들고 있는 아빠의 두 눈 가득히 눈물이 고여 있었다. 그 광경을 지켜보던 완섭 씨는 자신도 모르게 마음이 뭉클해졌다. 그리고 조금 전 자기가 아이한테 했던 일에 대한 뉘우침으로 그들의 얼굴을 바라볼 수 없었다.

음식을 먹고 나서 아이는 아빠 손을 끌고 완섭 씨에게 다가왔다. 그리고 아무 말 없이 계산대 위에 천 원짜리 넉 장을 올려놓고 주머니 속에 있는 한 움큼의 동전을 꺼내고 있었다.

"얘야, 그럴 필요 없다. 식사 값은 이천 원이면 되거든. 아침이라 재료가 준비되지 않아서 국밥 속에 넣어야 할 게 많이 빠졌어. 그러니 음식값을 다 받을 수 없잖니?"

완섭 씨는 미소를 지으며 아이에게 천 원짜리 두 장을 다시 건네주었다.

"고맙습니다, 아저씨."

"아니다. 아까는 내가 오히려 미안했다."

완섭 씨는 출입문을 나서는 아이의 주머니에 사탕 한 움큼을 넣어주었다.

"잘 가라."

"네, 안녕히 계세요."

아픔을 감추며 웃고 있는 아이의 얼굴을 완섭 씨는 똑바로 바라볼 수 없었다. 총총히 걸어가는 아이의 뒷모습을 보는 완섭 씨 눈가에도 어느새 맑은 눈물빛이 반짝거렸다.

네가 손을 잡아준다면

어떤 음악회에서 한 가수가 관객의 박수를 받으며 무대 앞으로 나왔다. 그가 부를 노래는 흘러간 팝송 〈대니 보이〉였다. 그 노래는 워낙 고음이라서 가수라도 쉽게 부를 수 있는 노래는 아니었다. 하지만 그날 노래할 가수는 풍부한 성량을 인정받는 가수였다.

아름다운 선율의 전주가 흐르고 전반부의 노래가 잔잔하게 이어졌다. 그리고 관객들의 숨소리까지 잠재우며 노래는 절정에 다다르고 있었다. 사람들은 푸르렀던 젊은 시절을 회상하며 노래 속으로 점점 빠져들어 갔다. 그런데 바로 그때 뜻밖의 상황이 벌어지고 있었다.

노래를 부르던 가수가 〈대니 보이〉의 절정 무렵에서 마이크를 그만 내려놓은 것이다. 계속되는 반주에도 그는 잠자코 있었다. 잠시 후 반주가 멈췄다.

실내는 쥐죽은 듯 조용했다. 몇몇 사람들이 소곤거리기 시작했다.

"왜 저러지, 무슨 일이야?"

"저럴 사람이 아닌데…."

얼굴을 붉히며 당황하는 가수에게 위로의 눈빛을 보내주는 사람들도 있었다.

잠시 머뭇거리던 가수는 무대 한쪽 계단 아래로 느릿느릿 내려갔다. 그리고 관객석의 맨 앞줄에 이르렀다. 많은 관객들은 어린 새처럼 고개를 빼고 그의 걸음을 지켜보았다. 그 가수는 꾸부정하게 몸을 낮추고는 한 소년의 손을 잡았다. 휠체어에 앉은 그 소년은 어리둥절해 했다.

"꼬마야, 아저씨가 계속 노래를 불러야 하거든. 그런데 이 노래에서 가장 음이 높은 부분이 남아 있어. 네가 아저씨 손을 꼭 잡아준다면 무사히 노래를 부를 수 있을 것 같은데. 그래 줄 수 있지? 자, 아저씨 손을 꼭 잡아줄래? 힘껏!"

소년은 그 순간 진지한 눈빛으로 작은 손을 움켜쥐었다. 그러자 가수는 혼신의 힘을 쏟아 〈대니 보이〉의 절정 부분을 노래했다. 관객들은 감동적인 그 광경에 끝없는 박수를 보냈다. 어린 소년은 치

자꽃처럼 하얀 얼굴로 활짝 웃고 있었다. 가수의 이마 위에도 땀방울이 송글송글 보석처럼 맺혀 있었다.

　두 사람은 말없이 한참 동안 서로의 손을 잡고 있었다. 말보다 더 아름다운 말을 주고받으면서….

　사람의 입에서 나오는 입김은 추울 때 가장 뜨겁다.

반딧불이

가을바람이 우수수 낙엽을 몰고 다녔다. 은행나무의 긴 그림자
가 교수실 안으로 해쓱한 얼굴을 디밀더니, 조롱조롱 얼굴을 맞댄
노란 은행알들이 경화 눈에 정겹게 들어왔다. 경화는 기말고사 시험
지를 채점하다말고 우두커니 창 밖을 바라보고 있었다. 신기루처럼
환한 대학시절의 추억들이 경화의 마음속으로 성큼 다가왔다. 모교
의 교수가 된 경화에게 지난 기억들은 언제나 유쾌한 아픔이었다.

경화가 대학시절 퀭한 눈으로 중앙도서관을 오갈 때면 늘 마주
치던 청소부 아줌마가 있었다. 몽당비만한 몸으로 이곳 저곳을 오가
며 분주히 청소하던 아줌마. 개미떼 같은 기미가 앉은 아줌마의 얼

굴엔 한겨울에도 봄꽃이 활짝 피어 있었다. 청소부 아줌마를 만나면 경화는 항상 반가운 얼굴로 다가갔다.

"아줌마, 오늘도 또 만났네요. 아줌마도 반갑지요?"

"그럼요. 반갑고말고요."

"아줌마께 여쭤볼 게 있어요. 어떻게 아줌마 얼굴은 언제 봐도 맑게 개어 있지요?"

아줌마는 빙그레 웃으며 결린 허리를 두드리며 말했다.

"그거야, 희망이 있기 때문이지요. 대학 다니는 딸이 어찌나 착하고 열심히 공부하는지, 딸애만 생각하면 허리 아픈 것도 다 잊어버려요."

"대학 다니는 딸은 얼굴이 예쁜가요?"

"그럼요. 예쁘구말구요."

"딸의 이름이 뭔데요?"

"이름은 경화구, 성은 나도 잘 모르겠는데…."

우스꽝스런 대화를 주고받은 뒤, 두 모녀는 까르르 웃곤 했다. 청소부 아줌마는 바로 경화 어머니였다. 경화는 마음 아픈 기색을 보이지 않으려고 청소하는 엄마를 만나면 늘 그런 식으로 대화를 이끌었다. 엄마를 대신해 걸레질을 할 순 없었지만, 열람실 바닥에 떨어져 있는 크고 작은 휴지들이 경화의 손에 언제나 가득했다.

대학시절을 회상하던 경화는 문득 시계를 봤다. 그리고 서둘러 교수연구실을 나섰다. 경화는 엄마가 있는 행정관 지하 보일러실을 향해 빠르게 걸었다. 엄마는 비좁고 궁색한 방 한구석에서 낡은 수건을 줄에 널고 있었다.

"우리 딸, 아니 민 교수님이 여기 웬일이세요?"

"그냥….'

"왜, 속상한 일이라도 있는 거냐?"

"그런 거 아니라니까."

"그럼 다행이구. 근데 안색이 안 좋아 보인다."

"실은 엄마에게 할 말이 있어서 왔어."

경화는 허공에 시선을 둔 채 잠시 망설였다. 그리고 다시 입을 열었다.

"엄마 있잖아, 청소일 그만두면 안 돼?"

"뜬금없이 그게 무슨 말이냐. 내 몸뚱이가 아직 성한데, 왜 일을 그만둬."

"엄마 나이도 있고, 허리도 무릎도 많이 아프잖아."

"나야, 이날까지 청소일로 이골이 났는 걸 뭐. 하루 이틀 허리 아픈 것도 아니고. 허긴 네가 학생들 가르치는 대학에서 엄마가 청소일을 하는 게 창피스러울까 봐, 그 생각을 안 해본 건 아냐. 너, 혹시 그래서 그러는 거냐?"

"그런 거 아냐. 엄마."

"그런 거 아니면 됐다."

경화는 속마음을 들켜버린 듯 엄마의 물음에 당황한 빛을 보였다. 사실 자신이 학생들을 가르치는 대학 내에서 청소일을 하는 엄마가 경화의 마음엔 무거운 돌처럼 매달려 있었다.

"경화야, 엄마가 청소일 한 지 얼마나 됐는 줄 아니?"

"나 초등학교도 들어가기 전이니까 얼마나 된 걸까?"

"벌써 삼십 년이나 됐다. 너 어릴 적부터 지금까지 내 뼈마디 마디를 다 묻은 곳을 떠난다는 게 어디 쉬운 일이냐. 아파 누워 있는 어린 너를 방에 두고 새벽버스를 타고 나와야 하는 에미 마음이 얼마나 찢어졌는데…. 그런 날이면 하루종일 눈물만 닦으며 일한 적도 많았었지."

길게 한숨을 내쉬며 말하는 엄마의 얼굴은 깊은 회한에 잠겨 있었다.

"이제는 엄마가 일하지 않아도 살아갈 수 있잖아. 엄마도 봉천동 집에 혼자 계시지 말고 이젠 우리 집으로 들어오셔야지. 김 서방도 그걸 바라고, 아이들을 다른 사람 손에 맡기는 것도 좀 그렇구 해서 말야."

경화는 진심을 말하면서도 감추어진 속마음을 차마 드러낼 수 없었다. 명색이 교수가 돼가지고 엄마 허드렛일 시킨다고 사람들이 수군거릴 것 같다는 말이 경화의 입에서만 깔끄럽게 맴돌았다.

"허기사 이 일 그만두고 나면 몸뚱이야 편하겠지. 그런데 에미 마음속엔 차마 이 일을 버릴 수 없는 이유가 있어. 엄마에게 있어

청소는 쓸고 닦는 일만은 아냐. 이 에민 삼십 년 동안 이 일을 간절한 마음으로 해왔어. 아버지도 없이 불쌍하게 자란 내 딸이 순탄하게 제 갈길 걸어가게 해달라고 빌었던 간절한 기도였어. 비가 오나 눈이 오나 쓸고 닦고, 바닥에 쪼그려 앉아 흉하게 붙어 있는 껌을 뜯어내며 인상 한번 쓰지 않았어. 남들 걸어가는 길 깨끗하게 해놔야, 내 새끼 걸어갈 길 순탄할 거라고 믿으면서….”

차마 엄마 얼굴을 바라볼 수 없어서, 곰팡이 핀 벽만을 바라보던 경화의 눈가엔 어느새 눈물이 고였다.

“엄마, 내가 괜한 말을 했지?”

“아니다. 네 마음 다 안다. 학교에서 엄마와 마주칠 때 네가 창피해 할까 봐 엄마는 내심 걱정되기도 했는데, 늘 달려와서 에미 손을 잡아주니 얼마나 고마웠는지 모른다.”

“창피하기는, 엄마가 누구 때문에 그 고생을 했는데….”

엄마는 꺼칠꺼칠한 손을 뻗어 딸의 얼굴을 쓰다듬어주었다.

“에미는 네가 얼마나 자랑스러운지 모른다. 지난번 교수식당에서 너랑 나란히 앉아 밥을 먹는데 어찌나 낯설고 어색하던지…. 어엿한 교수님이 내 딸이라는 게 믿어지질 않더구나. 고개도 못 들고 에미가 밥 먹을 때, 너는 음식이 맛있어 코 박고 먹는 줄 알았겠지만, 지나간 세월이 고마워서 눈물 감출 길이 없어 그랬다. 때론 서러움까지 당해야 했던 곳에서 내 딸이 어엿한 교수가 됐다는 것이 하도 고마워서 말야. 걸레질을 하다가 물이라도 조금 튀는 날이면 사

납게 쏘아붙이고 가는 여학생들을 그저 웃음으로 흘려 보낼 때, 에미 심정인들 좋았겠냐. 그래도 쓴 인상 한번 보내질 않았다. 그래야 내 자식 잘 되겠구나 하는 생각에…. 지금은 네가 학생들 가르치는, 더 책임있는 일을 하는데 내가 어찌 이곳을 떠날 수 있겠냐. 무지랭이 에미가 도와줄 건 아무것도 없지만 말이다…."

경화는 엄마를 가슴에 꼬옥 끌어안았다. 그리고 울먹이며 말했다.

"엄마, 고마워. 엄마를 보면 반딧불이가 생각나. 야윈 몸 한켠에 꽃등을 매달고 깜박깜박 어둠을 밝혀주는 반딧불이 말야. 엄마의 속 깊은 마음 내가 어떻게 다 알겠어. 엄마, 어제 우리과 교수님들 회식이 있었거든. 강남에 있는 일식집에서 했는데, 식사비가 얼마나 나왔는 줄 알아. 한 사람당 십만 원 해서 육십만 원이 넘게 나왔대. 집으로 돌아오는 길에 엄마 생각을 하니까 그렇게 서럽더라구. 우리 엄마는 새벽 다섯 시 반이면 집을 나와, 삼십 년 동안 눈비 맞으며 고작 받는 한 달 월급이 육십오만 원인데, 하고 생각하니 눈물이 핑 돌더라구. 2000년도에 월급 육십오만 원 받는다면 누가 믿겠어. 그래서 엄마한테 이런 말 했던 거야. 미안해, 엄마."

"미안하긴. 엄마가 늘 너한테 미안하지."

엄마는 딸의 눈물을 닦아주었다. 경화는 엄마 품에 안겨 말보다 더 아름다운 마음으로 소리없이 엄마에게 말했다.

'어머니, 당신은 삼십 년 동안이나 어두운 새벽버스에 지친 몸을 실으셨습니다. 낡은 청소복에 아픈 허리 깊이 감추고 늘 바보처럼 웃으셨습니다. 당신은 내 마음보다 더 가까운 곳에서 저를 밝혀주셨습니다. 반딧불이처럼 환한 불빛으로 반짝이고 싶어하는 철없는 딸을 위해 당신은 더 짙은 어둠이 돼주셨습니다. 빛도 없이, 이름도 없이 그렇게…'

크리스마스 선물

대학입시를 앞둔 크리스마스날이었습니다. 나연이와 친구는 입시준비에 눈코 뜰 새 없이 바빴습니다. 저녁 무렵, 미술학원의 수채화 선생님이 활짝 웃으며 나연이와 친구에게로 다가왔습니다.

"크리스마스날인데 놀지도 못하고… 자, 크리스마스 선물이야."

뜻밖의 선물에 나연이와 친구는 너무 좋았습니다. 선물도 좋았지만 선생님의 격려가 더 고마웠습니다. 선생님이 주신 선물은 4B 연필 한 타였습니다. 선물은 예쁜 포장지에 싸여 있었지만 촉감만으로도 금방 알 수 있었습니다. 나연이와 친구는 "와, 연필이다!" 말하고는 포장을 풀지 않은 채 그리고 있던 그림을 계속 그렸습니다.

시간은 빨리 흘러갔고, 시험이 며칠 남지 않은 어느 날이었습니다. 나연이는 온종일 불안한 마음으로 그림을 그리다가 가지고 있던 연필을 다 쓰고 말았습니다. 그때 나연이는 선생님이 주신 선물이 생각났습니다.

그런데 선물을 꺼내 포장지를 푸는 순간 나연이 얼굴 위로 눈물방울이 주르륵 흘러내렸습니다. 포장지 안에 있던 12자루의 연필들은 동화 속의 뾰족한 성처럼 모두 다 예쁘고 가지런히 깎여져 있었습니다.

꼴찌의 달리기

태양이 이글이글거리는 여름의 한낮이었다. 화사하게 웃던 해바라기도 현기증이 나 얼굴을 숙였다. 담담하게 더위를 이겨내던 빨간 샐비어도 지쳐 누워버렸다.

사막같이 뜨거운 운동장에서 학생들은 체육시험으로 오래달리기를 하고 있었다. 선두를 달리던 학생은 증기기관차처럼 지칠 줄 몰랐다. 낙타처럼 느릿느릿 걷고 있던 꼴찌는 얼굴이 온통 일그러져 있었다. 꼴찌는 턱까지 차오르는 숨을 헐떡거리며 고통스러워했다.

그렇다고 체육실기 점수로 반영되는 오래달리기를 포기할 수도 없는 노릇이었다. 끝까지 달리기만 해도 기본점수를 주겠다고 선생님은 약속했다. 마지막 한 바퀴 반이 남았을 때, 선두를 달리던 학생이 속력을 내더니 꼴찌를 앞질렀다. 그리곤 자랑스러운 포즈를 취하며 일등으로 결승점을 통과했다. 선두가 들어온 뒤에도 꼴찌는 한 바퀴 반을 더 돌아야 했다.

그런데 쓰러질 것처럼 힘들게 달리는 꼴찌와 함께 다른 한 명이 뛰고 있었다. 그는 꼴찌의 팔을 끌며 용기를 주었지만, 꼴찌는 가쁜 숨을 몰아쉬며 빨간 색종이 같은 얼굴로 힘겨워했다. 꼴찌를 격려하던 학생은 전국대회에서 입상까지 했던 그 학교의 육상선수였다. 그는 결승점까지 꼴찌와 함께 달렸다. 그리고 친구를 결승점에 들여보내고 자기는 꼴찌가 됐다.

백 점을 받을 수 있는 과목은 체육밖에 없었지만 친구의 힘겨운 질주를 그는 차마 외면할 수 없었다.

나무는 꽃의 어여쁜 손을 놓아야 비로소 열매를 맺을 수 있다.

아름다운 용기

인희네 반에서 한 아이가 10만 원을 분실했다. 아이들은 인희가 그 돈을 가져간 것이라고 수군댔다. 인희는 그런 누명을 쓰는 게 너무 억울했다. 하지만 남의 물건에 손을 댔다가 벌써 두 번씩이나 문제를 일으킨 자신을 도둑으로 몰아세우는 게 어쩌면 당연한 일인지도 모른다고 생각했다.

아이들의 따가운 시선을 받으며 인희는 가만히 자리에 앉았다. 까들까들 비웃음 소리가 귓가로 들려왔다. 그때 돈을 잃어버린 정희가 아이들과 함께 어정버정 인희 옆으로 다가왔다.

"문제 더 커지기 전에 순순히 내놓는 게 좋을 거야."

"그러지 마. 정말 내가 훔친 거 아니라니까."

"너 아주 구제 불능이로구나. 지금보다 더 왕따 만들기 전에 빨리 돈 내놔."

아이들은 돌아가면서 거친 말로 인희에게 으름장을 놓았다. 그때 재혁이 다가왔다.

"너희들 도대체 왜 그러는 거야. 인희가 안 그랬다잖아. 인희가 돈 훔치는 거 봤어?"

"본 애도 있단 말야. 그리고 꼭 봐야 아는 거니? 그런 짓 할 사람이 얘 말고 누가 있어?"

정희가 목울대를 세우고 말할 때 다른 아이가 재혁의 몸을 밀치며 다가왔다.

"재혁이 너, 전교 회장이라고 목소리 높이지 마. 지난번에 인희 편들어 주다가 망신당한 거 잊었어?"

아이들은 해죽거리며 한편이 되어 재혁을 공격했다.

"아무튼 이번엔 인희가 그런 거 아냐. 절대로 아니라구."

그때, 담임 선생님이 교실로 들어왔다. 선생님은 마뜩찮은 표정을 지으며 교탁 앞에 섰다.

"벌써 세번째다. 고등학교 교실에서 이런 일이 자주 생긴다는 게 너무 수치스럽구나."

그리고 잠시 무거운 침묵이 흘렀다. 인희는 자신도 모르게 고개를 숙여버렸다.

"반성할 시간은 충분했다. 나도 기다릴 만큼 기다렸어."

담임 선생님은 화난 얼굴로 고즈넉이 인희를 바라봤다.

"인희, 네가 아이들에게 의심받지 않으려면 지금부터 정신 바짝 차리고 대답해야 한다. 그날 체육시간 끝나고 네가 제일 먼저 교실로 들어왔다고 하는데 그 말이 사실이냐?"

"네. 주번이라서 제가 열쇠를 가지고 있었어요. 그런데 제가 교실에 왔을 땐 교실 문이 이미 열려 있었어요. 정말이에요."

인희는 주눅든 목소리로 더듬더듬 말했다.

"교실 문을 네가 마지막으로 잠그고 나간 것도 사실이지?"

"네, 분명히 잠그고 나간 것 같은데요. 저는 정말 그 돈을 훔치지 않았어요, 선생님…."

"네가 돈을 훔쳤다고 말하지 않았다. 선생님도 네 말을 믿는다. 하지만 네가 그러는 걸 다른 반 아이가 봤다고 하는데, 선생님 입장도 난처하구나."

"선생님, 정말 제가 안 그랬어요."

"선생님, 인희 말 듣지 마세요. 일 저질러놓고 뒤가 저려서 저러는 거예요. 인희가 돈 훔치는 걸 본 아이도 있다구요."

아이들은 이구동성으로 인희를 몰아세웠고 인희는 아예 책상에 엎드려 흐느꼈다. 바로 그때 재혁이 의자에서 벌떡 일어났다.

"그 돈 인희가 훔친 거 아닙니다."

"다른 아이가 가져가는 거 재혁이 네가 봤어? 봤냐구?"

돈을 잃어버린 정희는 재혁을 향해 쏘아붙이듯 말했다.

"봤어. 내가 분명히 봤어. 인희는 아냐."

재혁의 말에 아이들은 웅성거렸다. 그때 담임 선생님이 재혁에게 물었다.

"재혁이, 네가 분명히 봤니?"

"네…."

재혁의 목소리는 떨렸지만 확신에 차 있었다.

"선생님, 우리 반 아이가 그런 거 아닙니다. 옆 반 아이 중에 누군가가 우리 교실에 들어왔었습니다. 그리고는 정희의 가방에서 돈을 훔쳐…."

재혁은 더 이상 말하지 못하고 고개를 숙였다. 선생님은 갸웃거리며 재혁에게 다가갔다.

"재혁아, 그런데 왜 이제야 그 말을 하는 거지?"

"사실은…."

불안한 빛을 감추지 못하고 허둥대는 재혁의 눈가엔 어느새 눈물까지 맺혀 있었다.

"죄송합니다, 선생님… 사실은 체육시간이 끝나자마자 저는 옆 건물 3층으로 달려갔습니다. 그리고 과학실험실 커튼 뒤에 몸을 숨기고 저희 반 교실을 보고 있었습니다."

교실 안은 물을 끼얹은 듯 조용해졌고, 선생님은 어리둥절한 얼굴로 재혁에게 물었다.

"거기엔 왜 갔는데?"

"저어…."

재혁은 잠시 머뭇거리더니 이를 앙그려 물고 말을 이었다.

"사실은… 먼저 들어간 여학생들이 옷 갈아입는 걸…."

재혁의 말에 교실은 다시 술렁였다. 전교 회장에다가 공부도 잘하는 재혁이가 그런 파렴치한 짓을 할 거라고는 그 누구도 생각하지 않았다.

"그날 처음 간 거였습니다. 저도 모르게 호기심에 끌려서 그만…."

재혁은 잠시 울먹거리다 다시 말했다.

"죄송합니다, 선생님. 그리고 반 친구들에게도 돌이킬 수 없는 잘못을 저질렀습니다. 어떤 처벌이라도 달게 받겠습니다. 하지만 인희가 더 이상 따돌림 당하지 않았으면 좋겠습니다."

선생님은 울고 있는 재혁을 가만히 안아주었다.

"재혁아, 울지 마. 네가 큰 잘못을 한 건 사실이지만, 너의 용기로 인희가 억울한 누명을 벗었잖아. 네가 잘못을 부끄러워하고 있으니까, 아이들도 너를 용서할 거야. 애꿎게 인희를 몰아세운 우리들도 모두 잘못한 거잖아."

선생님의 따뜻한 말에 재혁은 눈물을 흘렸다. 재혁을 바라보던 인희의 조그만 얼굴 위로도 맑은 눈물이 흘러내렸다. 아이들은 머쓱한 얼굴로 고개를 숙였고 따스한 햇살은 초록 바람을 가득 몰고 와 교실 유리창 문을 가만가만 두들기고 있었다.

따돌리는 아이도 있고, 따돌림을 당하는 아이도 있습
니다. 하지만 치이고 눌린 아이의 손을 잡아주는 아름다
운 손길도 있습니다. 어른들이 생각하는 것보다 교실의
아이들은 여전히 건강합니다.

따뜻한 콜라

커다란 교실엔 많은 학생들이 앉아 있었다. 종민이는 나쁜 시력 때문에 맨 앞자리에 앉아 수업을 들었다. 너무 더운 날씨라 땀을 뻘뻘 흘리고 있었다. 종민이는 학원에 온 것을 후회하며 어쩔 줄을 몰랐다. 종민이가 불안한 마음으로 허둥대고 있을 때 영어 선생님과 눈이 마주쳤다. 종민이는 금세 얼굴이 빨개졌다. 너무 당황한 나머지 얼굴의 근육까지 떨리고 있었다. 선생님은 느릿느릿 교단을 내려왔다. 그리고 한 손에 책을 들고 지문을 읽으며 종민이 쪽을 향해 걸어왔다. 종민이는 고개를 숙이고 책을 보는 척했지만 책 속의 글자들은 온통 개미떼처럼 줄을 지어 종이 위를 기어다닐 뿐이었다.

"종민이는 왜 그렇게 땀을 흘리니? 얼굴도 빨개졌고. 종민이, 어디 아프니?"

"…."

"날이 더워서 그렇구나."

종민이는 고개를 숙인 채 아무 말도 하지 않았다. 선생님은 종민이 옆에서 영어 지문 하나를 다 읽고 다시 교단으로 걸어갔다. 그리고는 교탁 위에 놓여 있던 콜라를 한 모금 마셨다.

"콜라가 너무 맛있는데, 나만 마셔서 미안하구나. 억울한 사람은 수업 끝나고 교무실로 와. 그러면 콜라 사줄게."

"가면 정말 사주실 거죠?"

여기저기서 여학생들의 또랑또랑한 목소리가 들려왔다.

"그럼."

학생들은 수업 전에 음료수를 교탁 위에 올려놓곤 했다. 한 시간 동안 입을 열어 수업을 진행하는 선생님에 대한 작은 배려였다. 하지만 수업 중에 선생님이 음료수를 마시는 경우는 거의 없었다. 종민이는 처음으로 음료수를 마시는 선생님의 모습을 의아해 하며 쳐다보았다.

선생님은 다음 지문을 읽으며 종민이 쪽을 향해 걸어갔다. 선생님의 한 손엔 콜라가 담긴 큰 종이컵이 들려 있었다. 선생님은 콜라를 종민이 책상 한쪽에 올려놓고는 책상 끝에 걸터앉았다. 그런데 잠시 후 선생님이 일어나는 순간, 책상이 흔들리며 콜라가 종민이 앞으로 쓰러지고 말았다. 쏟아진 콜라 때문에 종민이가 입고 있던 청바지는 순식간에 흠씬 젖어버렸다.

"이거 미안해서 어쩌지? 바지가 다 젖었네. 여기에 콜라를 놓았던 걸 깜빡 했어."

"…"

당황하며 어찌할 바를 모르는 선생님에게 종민이는 아무 말도 하지 않았다. 선생님은 손수건을 꺼내 온통 젖어버린 종민이 바지를 닦아주었다. 옆에 앉아 있던 여학생들은 그 광경을 보며 숨넘어갈 듯 웃어대고 있었다.

잠시 후, 수업 끝나는 종소리가 울렸다. 콜라로 얼룩진 바지를 입고 종민이는 자리에서 일어났다. 종민이는 뒷문을 빠져나가다말고, 강의실 앞에 서 있는 선생님을 바라보았다. 교탁 앞에 서 있던 선생님은 종민를 바라보며 엷은 미소를 보내주었다. 종민이도 선생님을 향해 수줍게 웃어 보였다.

종민이는 빈뇨증이 있었다. 그래서 급작스럽게 소변이 마려우면 걷기조차 힘들었다. 그런데 하필 그날 수업을 받다가 갑자기 화장실이 가고 싶었다. 하지만 맨 앞자리에 앉아 있던 그가, 많은 여학생들의 시선을 받으며 소변을 보러간다는 것은 상상조차 할 수 없는 일이었다.

숫기 없는 종민이는 진땀을 흘리며 수업이 끝나기만을 기다리다

가 자신도 모르게 조금씩 소변을 보고 말았다. 종민이는 차라리 그 자리에서 죽고 싶었다. 선생님은 당황하는 종민이에게 다가가 젖어 있는 종민이 바지를 보았던 것이다. 그래서 종민이 바지 위에 일부러 콜라를 가득 엎질러버린 것이다.

어쩔 줄 모르는 자신을 위해 콜라를 쏟아놓고 당황하던 선생님의 사랑을 종민이는 한순간도 잊을 수 없었다. 젖은 바지를 입고 교실 문을 빠져나갈 때, 엷게 웃어주던 선생님의 미소를 종민이는 지금도 마음 깊은 곳에 간직하고 있다.

시간이 지날수록 우리들의 기억은 희미해진다. 하지만 시간이 지날수록 더욱 또렷해지는 기억도 있다. 그 기억은 날마다, 날마다 우리를 깨운다.

한낮에도 반짝이는 별빛

현희 씨가 주방에서 설거지를 하고 있을 때, 방안에서 아이의 목소리가 들려왔다.

"우~움마아!"

다섯 살 된 영호는 '엄마'란 말을 잘 하지 못했다. 영호는 보통 아이들보다 지능이 많이 모자랐다. 게다가 자폐 증세까지 있었다. 영호를 데리고 하루하루 살아가는 것은, 이끼 낀 돌다리를 건너는 것처럼 현희 씨에겐 힘겨운 일이었다.

현희 씨는 영호가 자기 또래의 아이들처럼 감정 표현이라도 제대로 해주기를 바랐다. 그런데 영호는 자기를 끔찍이 사랑해 주는 아빠에게도 애정 표현을 하지 않았다. 아빠에게 가까이 가지도 않았고, 아빠가 장난감 로봇이나 아이스크림을 사다 주어도 늘 시큰둥했다.

"당신, 우리 영호 때문에 많이 속상하죠? 회사 일도 힘든데…."

"영호 보느라고 당신이 늘 고생이지, 뭐."

"다른 아이들처럼 아빠하고 목욕탕에도 가고, 공놀이도 하면 얼마나 좋을까요?"

"그러게나 말야."

"그렇다고 영호 미워하면 안 돼요."

현희 씨는 눈가에 고이는 눈물을 꾹 참으며 말했다.

"서운할 때도 있지만 그때 뿐이지 뭐. 너무 걱정 마. 병원에 다니고 있으니까 차차 나아지겠지."

남편은 슬프게 미소 지으며 현희 씨의 눈물을 닦아주었다.

"내가 출장 가 있는 동안 혼자 영호 보기 힘들 텐데, 친정에라도 가 있지 그래."

"우린 걱정말고 당신 식사나 거르지 마세요. 이번엔 열흘 동안이나 나가 있잖아요."

"알았어. 근데 우리 영호 선물로 뭘 사다 줄까?"

"선물 사다 줘봐야 한번 반기지도 않는 애한테 괜한 마음 쓰지 마세요. 아빠를 남 대하듯 하니 정말 큰일이에요."

현희 씨는 깊은 한숨을 쉬었다. 마음속 깊은 곳에 숨겨둔 아픔이 금방이라도 눈물이 되어 나올 것 같았다.

다음 날 아침, 남편은 열흘간의 출장을 떠났다. 그리고 그날 오후 현희 씨는 영호를 데리고 집에서 멀지 않은 시장에 갔다. 시장으로 가는데 눈발이 하나 둘 날리기 시작했다. 길가에 서 있는 은행나무의 앙상한 가지가 찬바람에 흔들렸다. 현희 씨는 생선 가게로 갔다. 그런데 현희 씨가 잠시 생선을 고르는 사이에 영호가 없어지고 말았다.

그날 따라 영호는 손목에 미아방지용 팔찌도 하고 있지 않았다. 현희 씨는 갑작스런 충격에 눈앞이 아득했다. 영호는 자신의 이름도 제대로 말하지 못했고, 집 전화번호도 모르는 아이였다. 현희 씨는 영호를 부르며 정신 나간 사람처럼 온 시장을 뛰어다녔다. 어둠이 내릴수록, 현희 씨의 마음은 다급해졌다. 현희 씨는 시장 곳곳을 다니며 장사하는 사람들에게 영호의 인상착의를 말하기에 바빴다.

"조금 전 시장 안에서 우리 아이를 잃어버렸거든요. 검정색 파카를 입은 다섯 살짜리 아인데, 말도 잘 못하고 말할 때는 입이 옆으로 돌아가요…. 그리고 눈동자에 초점도 없구요. 그런 아이를 보시면 이리로 연락 좀 주세요. 부탁드릴게요."

현희 씨는 가슴속 깊이 싸매두었던 영호의 아픈 점을 말하면서 눈물을 흘렸다. 현희 씨는 시장을 나와 근방에 있는 여러 파출소마다 신고를 했다. 그리고 집으로 돌아와, 발을 동동 구르며 전화기 옆에 서 있었다. 극도의 불안감이 현희 씨 마음을 조여왔다.

현희 씨는 마음을 가라앉히고 나서 다시 시장으로 갔다. 거리엔 벌써 컴컴한 어둠이 내려앉았다. 시야를 가릴 만큼 굵은 눈발이 퍼부어대고 있었다. 그때까지도 영호를 본 사람은 아무도 없었다. 현희 씨는 울면서 아이의 이름을 불렀다.

"영호야! 영호야!"

흐느낌을 집어삼키듯 겨울바람 소리만 웅성거릴 뿐, 아이의 소리는 들리지 않았다.

한 아주머니로부터 전화가 걸려온 것은 밤 10시가 다 될 무렵이었다. 영호는 시장에서 아주 멀리 떨어진 곳까지 가 있었다. 친절한 아주머니 덕으로, 영호는 다시 집으로 돌아올 수 있었다. 영호를 찾게 해준 것은 남편의 운전면허증이었다.

남편의 운전면허증이 영호의 바지주머니 속에 들어 있었기 때문이었다. 다행히 면허증 뒷면에 분실을 대비해 남편이 집 전화번호를 적어놓았다. 이 번호를 보고 전화를 한 것이었다. 현희 씨가 영호를 데리러 갔을 때, 영호는 엄마를 보고도 새파랗게 언 손으로 과자만 먹고 있었다. 사람들이 지나다니는 거리에서 현희 씨는 멍하니 서 있는 영호를 끌어안았다.

"영호야! 잘못했어. 엄마가 잘못했어."

현희 씨는 끝없이 눈물을 흘렸다.

열흘이 지나갔다. 남편이 돌아오는 날 아침, 현희 씨는 영호에게 물었다.

"영호야, 아빠 보고 싶지 않니? 오랫동안 아빠 못 봤잖아."

"…."

영호는 무표정한 채 아무런 대꾸도 하지 않았다. 대답을 기대한 건 아니었지만, 묻는 말의 의미조차 아이가 모르는 것 같아 현희 씨의 마음은 아팠다.

오후 늦게 초인종이 울렸다. 남편이 출장을 마치고 돌아왔다. 남편은 여행 가방을 들고 지친 얼굴로 현관으로 들어섰다.

바로 그때였다. 거실에 힘없이 앉아 있던 영호가 갑자기 현관 쪽으로 뛰쳐나갔다. 그리고는 맨발로 달려가 아빠의 다리를 두 팔로 꼭 끌어안았다.

영호는 아빠에게 매달려 울고 있었다. 비록 말은 못했지만 영호는 매일 밤 아빠를 기다렸던 것이다. 현희 씨는 그때서야 영호가 왜 아빠의 운전면허증을 주머니 속에 넣고 다녔는지를 알게 됐다. 아빠 얼굴이 있는 운전면허증을 보며, 영호는 매일 밤 아빠를 기다렸던 것이다. 오랫동안 보이지 않던 아빠를 원망하듯 영호는 울음을 그치지 않았다. 남편의 눈에서도 굵은 눈물이 흘러내렸다. 남편은 울고 있는 영호의 얼굴을 어루만지며 끌어안았다.

"영호야! 울지 마. 아빠도 우리 영호가 얼마나 보고 싶었는데. 어디 우리 영호 얼굴 좀 보자."

남편은 얼굴을 보려고 영호를 품에서 떼어내려고 했다. 하지만 영호는 눈물과 콧물이 뒤범벅된 채, 아빠를 놓아주지 않았다.

"아빠 이제 아무 데도 안 갈게. 아빠는 다 알아. 말은 못하지만 우리 영호가 아빠를 얼마나 사랑하는지. 남자라면 때로는 하고 싶은 말이 있어도 안으로 감출 수 있어야 되는 거야."

남편은 목이 메어 더 이상 말을 잇지 못했다.

그날 밤, 영호는 아빠 손을 꼭 잡고 잠이 들었다. 현희 씨는 잠든 영호의 속눈썹에 피어 있는 맑은 별빛을 보며, 어쩌면 이 아이가 하늘 나라에서 소풍 온 아기 천사일지도 모른다고 생각했다.

"영호야! 엄마, 아빠의 사랑을 믿어. 사랑이 있는 한 우리에겐 언제나 희망이 있는 거야."

현희 씨는 잠든 영호의 손을 꼭 잡고 속삭이듯 말했다.

만날 수 없어도 만나는 얼굴이 있다. 아름다운 것들마다 온통 그의 얼굴이다. 눈물겨운 것들마다 온통 그의 얼굴이다.

누구의 가슴에도 하나쯤은, 한낮에도 반짝이는 별빛이 있다.

사랑의 종소리

눈 내리는 거리엔 크리스마스 캐럴이 울려 퍼졌다. 성탄절을 하루 앞둔 거리는 기쁨과 설렘으로 술렁거렸다. 하늘 가득한 눈송이를 바라보는 사람들의 얼굴엔 기쁨이 넘쳐나고 있었다. 지숙 씨는 일을 마치고 남편과 함께 명동의 지하도를 건너고 있었다. 양손 가득 아이들 선물을 들고 있는 남편에게 지숙 씨가 말했다.

"여보, 우리 혜경이 말야. 아직도 산타 할아버지가 있다고 믿는 것 같아."

"아직도 그런 비밀이 있다는 게 얼마나 좋아. 비밀이 하나하나 없어지면서 슬픈 어른이 되는 거지 뭐."

"그런가? 일곱 살만 돼도 다른 아이들은 다 안다는데. 하긴 우리 혜경인 나이에 비해서 참 순수해."

지숙 씨는 얼굴 가득 흐뭇한 미소를 지으며 계단을 올랐다. 그런데 계단 중간쯤에 한 사내가 고개를 숙이고 앉아 있었다. 헝클어진 긴 머리에 때에 절은 외투를 입고 있는 사내 앞에는 구멍난 바구니 하나가 놓여 있었다. 바쁘게 오가는 사람들은 아무도 그를 쳐다보지 않았다. 사내 옆을 지날 때 술에 찌든 역한 냄새가 지숙 씨의 코를 찔렀다. 지숙 씨는 남편 쪽으로 몸을 기울이며 속삭이듯 말했다.

"구걸하는 사람이 저렇게 술 냄새까지 풍기고 있으니 누가 가까이 가겠어."

"도와주지 않을 거라면 욕하지 마. 오죽하면 저렇게 구걸을 하겠어."

"구걸한 돈으로 술 마실 게 뻔하잖아."

"다른 사람에 대해서 그렇게 쉽게 말하지 말라구. 다 사정이 있겠지."

지숙 씨는 남편의 말에 더 이상 대꾸하지 않았다. 그리고 시큰둥한 얼굴로 지하도 계단을 빠져 나왔다. 때마침 구세군 음악대의 크리스마스 캐럴이 연주되고 있었다.

"잠깐만 구경하고 갈까? 눈도 오는데."

지숙 씨는 남편의 팔을 끌며 사람들이 모여 있는 곳으로 갔다. 구세군 음악대의 신나는 연주를 듣고 있는 사람들의 얼굴엔 봄꽃이 활짝 피어 있었다. 연주가 끝나자 지숙 씨 남편은 주머니에서 천 원짜리 한 장을 꺼냈다. 그때 지숙 씨가 주지 말라고 눈짓을 했다.

"아까 명동성당 앞에서도 냈잖아. 우리가 무슨 자선 사업가야? 하루에 두 번씩이나 주게."

그때, 한 남자가 사람들 속으로 걸어 들어왔다. 그는 병색이 짙은 얼굴로 느릿느릿 걸어 구세군 냄비 앞에 섰다. 그리고 주머니에서 3천 원을 꺼내 냄비 안에 넣었다. 지숙 씨는 그 남자를 의아해 하며 쳐다봤다. 헝클어진 머리에 누더기 같은 외투를 걸친 그 사내는 조금 전 지하도에 앉아 있던 걸인이었다.

"고맙습니다만, 어려우신데 이렇게 많이 주셔도 되는지요?"

젊은 구세군 아저씨는 허리를 굽혀 조심스럽게 물었다.

"아까 어떤 할머니께서 따뜻한 저녁 사먹으라고 손에 쥐어주신 돈이오. 아들 생각이 나신다면서…. 그런데 어려운 할머니가 주신 돈으로 어떻게 저녁을 먹어요."

사내는 수줍은 미소를 지으며 뒤돌아 서서 걸어갔다.

"고맙습니다, 그럼 감사히 쓰겠습니다."

느릿느릿 걸어가는 사내를 향해 젊은 구세군은 소리쳤다. 구세군의 두 눈은 어느새 붉게 노을져 있었다. 사랑을 담아주고 걸어가는 걸인의 뒷모습은 내리는 눈송이보다 더 아름다웠다. 그 광경을 지켜보던 사람들은 순번이라도 정한 듯 한 명 한 명 구세군 냄비에 돈을 넣었다. 남편을 향해 민망한 웃음을 지어 보이던 지숙 씨도 구

© 이철환

세군 냄비에 돈을 넣었다.

정류장에서 버스를 기다리며 지숙 씨가 말했다.

"근데, 왜 이렇게 창피하지?"

"창피하긴. 착한 일 해놓고는…."

"지하도에 있던 그 아저씨 말야. 나는 신나게 욕했는데, 나보다 더 나은 사람이었어."

"더 나은 사람, 못 나은 사람이 어딨어? 똑같은 사람들이 서로 도우며 살아가는 거지, 뭐."

지숙 씨는 남편의 말에 고개를 끄덕였다. 해거름 무렵부터 내리던 눈은 어느새 함박눈이 되어 있었다. 그 눈은 따스한 이불이 되어 세상의 시린 손들을 녹여줄 것만 같았다.

딸의 입학식

엄마처럼 되지 말라고,
엄마처럼 키가 작아서는 안 된다고 간절히 기도하면서
나보다 열 배는 키가 큰
딸의 모습을 보고 싶었습니다.

예쁘지는 않지만 화장 곱게 하고
맵시 없는 몽당치마라도 차려 입고
딸의 대학 입학식날
그날은 꼭 가보고 싶었습니다.

내 작은 키 때문에
다른 사람들 틈에서 딸을 볼 수 없으면
내가 살아온 아픔의 키만큼 높은 곳으로 올라가
예쁜 딸을 한없이 바라보고 싶었습니다.

사람들에게 키가 작다고 놀림을 받을 때마다
나는 부모님을 원망했습니다.
그런데 이제는 다 커버린 딸에게
정작 내가 원망스러운 에미가 되어버렸습니다.

언젠가는 딸의 손을 잡고 말할 겁니다.

창피함보다는 아픔 때문에

엄마에게 큰 소리 한번 치지 못하는 마음 착한 딸에게

미안하다고, 정말 미안하다고 조용히 말할 겁니다.

새벽별

병태는 달동네 조그만 집에서 살았다. 단칸방의 궁핍한 살림이었지만 서로를 위할 줄 아는 병태 가족은 행복했다. 그런데 어느 날 새벽, 병태네 방바닥의 갈라진 틈새로 연탄가스가 스며들었다.

눈을 떠야 한다고, 빨리 일어나야 한다고 몇 번을 다짐했지만 연탄가스를 마신 병태는 눈을 뜰 수가 없었다. 손발을 꽁꽁 묶인 채 허공에 매달린 요요처럼 지옥과 현실을 오가는 것만 같았다. 그때 누나의 신음소리가 바로 옆에서 들려왔다. 목숨을 놓아버릴 것 같은 누나의 가파른 신음 소리에 병태는 눈을 번쩍 떴다. 병태는 발작하듯 자리에서 벌떡 일어나 방문을 향해 뛰쳐나갔다. '쿵' 하는 소리와 함께 병태가 방문에 머리를 부딪쳤을 때 엄마가 창백한 얼굴로 몸을 일으켰다. 연탄가스에 중독된 엄마는 병태가 있는 문까지 간신히 기어가 병태를 끌어안았다. 그리고 방문부터 활짝 열었다. 엄마는 신음하며 누워 있는 다른 가족들을 차례로 흔들어 깨웠다. 병태네 가족이 연탄가스 때문에 죽을 고비를 넘긴 것은 그날이 두번째였다.

날이 밝고 정신은 돌아왔지만 점심때가 지나도록 딱따구리 한 마리가 병태 머리 속을 아프게 쪼아댔다.

아빠는 곰보빵 같은 방바닥의 장판을 모두 들어냈다. 그리고 온종일 쪼그려 앉아 회색 시멘트로 악마의 구멍을 메우셨다. 일하는 아빠를 옆에서 지켜보던 엄마 얼굴은 그날 따라 너무 슬퍼 보였다.

한달만 전기세를 더 내지 않으면 전기공급까지도 끊어질 판에 전기장판은 꿈도 꿀 수 없는 일이었다.

아빠가 방바닥을 고치고 나서 시멘트가 다 마를 때까지 병태네 가족은 하루를 차가운 방에서 자야 했다. 두꺼운 이불 속에 번데기처럼 잔뜩 몸을 움츠리고 눈만 간신히 내민 가족들은 아무 말이 없었다. 다섯 식구의 얼어붙은 입에서는 난로의 연통처럼 하얗게 김을 뿜어냈고, 아빠 머리맡에 놓인 물그릇에는 살얼음이 유리처럼 올라앉았다. 뼛속까지 떨려왔지만 병태는 그래도 마음이 놓였다. 모든 식구들이 잠자리에 누웠고 불을 끄기 전에 엄마가 말했다.

"자기 전에 우리 병태 노래 한곡 들어보자."

"싫어…."

"그럼, 영미가 노래해 봐라. 아빠는 우리 영미가 노래하는 거 듣고싶은데…."

초등학교 4학년인 병태 누나는 잠시 망설이더니 하얀 입김을 뱉으며 노래를 불렀다.

영미의 고운 목소리는 추위에 조금씩 떨리고 있었다.

'즐거운 곳에서는 날 오라 하여도 내 쉴 곳은 작은 집 내 집뿐이리. 내 나라 내 기쁨 길이 쉴 곳도 꽃 피고 새 우는 집 내 집뿐이리. 오 사랑 나의 집 즐거운 나의 벗 내 집뿐이리.'

노래가 끝났을 때 아빠는 박수를 쳤다. 그리고 아무 말 없이 낡은 벽지를 향해 돌아누웠다. 아빠는 숨죽여 울고 있었다.

다음 날 저녁, 연탄을 갈고 방안으로 들어온 엄마 얼굴엔 근심이 가득했다.

"엄마, 연탄가스 또 들어오면 어떡하지?"

겁에 질린 얼굴로 병태가 물었을 때, 엄마는 병태 손을 꼭 잡고 말했다.

"아빠가 다 고쳤으니까, 이번엔 괜찮을 거야. 연탄불이 활짝 핀 뒤에는 가스가 안 나오거든. 그러니까 아무 걱정말고 자도 돼."

엄마와 아빠는 어린 자식들을 안심시켰다. 잠자리에 들기 전, 만일의 경우를 대비해서 엄마와 아빠는 방의 양옆에 떨어져 누웠다.

그리고 병태와 형과 누나는 엄마와 아빠 사이에 나란히 누웠다.

파리똥이 점점이 붙어 있는 흐린 형광등이 꺼지고 한참이 지났지만 병태는 잠이 오지 않았다. 병태는 머리맡 작은 창문으로 밤하늘을 올려다보았다. 그날 따라 달빛도 별빛도 아무것도 보이지 않았다. 병태는 잠들지 않으리라 굳게 마음먹었다. 모두 다 잠들면 가족들 모두가 죽을지도 모른다는 생각이 들었다. 더욱이 지난번 새벽, 연탄가스를 맡고 방문 앞에 쓰러졌을 때 내복 바지에 똥을 눈 것이 병태는 너무나 창피했었다. 다시는 그런 일이 생겨서는 안 되겠다고 병태는 다짐했다.

캄캄한 방에서는 엄마 얼굴도 아빠 얼굴도 보이지 않았다. 별안간 무서운 생각이 든 병태는 잠든 형의 손을 꼭 잡아보기도 했다. 잠들지 않으려고 자꾸만 눈을 깜박였지만, 눈꺼풀은 바위처럼 무겁게 감겨왔다. 병태는 며칠 전에 길에서 만났던 무서운 형들의 얼굴을 하나씩 떠올렸다. 누나가 불렀던 노래를 마음속으로 천천히 불러보기도 했다.

그사이 창 밖으로 푸른 새벽빛이 느릿느릿 다가왔다. 병태는 방 끝에 누워 있는 엄마 얼굴을 바라보았다. 그리고 반대 쪽 끝에 누워 있는 아빠 얼굴도 바라보았다. 희미하게 보이는 아빠, 엄마 얼굴을 본 순간 병태의 조그만 얼굴에 엷은 미소가 번졌다.

잠들지 못한 것은 병태만이 아니었다. 엄마, 아빠도 병태처럼 가족들을 지키기 위해 새벽까지 잠들지 못했다. 병태는 잠시 후 자신도 모르게 스르르 깊은 잠에 빠져들었다.

밝아오는 새벽 하늘에는 노란 달빛도 무수한 별빛도 없었다.

하지만 잠든 아이들 곁에는 새벽별 두 개가 온 밤 내내 반짝거렸다. 엄마, 아빠는 잠들지 않고 새벽별이 되어서 잠든 아이들의 사랑스런 얼굴을 밤새도록 비춰주고 있었다. 감겨오는 두 눈을 뜨고, 다시 뜨면서….

도시락 편지

불우한 환경 때문에 끝내 배움을 포기하고 공장에 취직해 말단 직공으로 있던 한 청년이 있었다. 그는 늘 흉하게 기름때 묻은 자신의 모습을 혐오하다가 끝모를 열등감으로 매일 술만 마시며 방탕한 생활을 했다. 그러던 중 마음 착한 한 여자를 사랑하게 되었고 마침내 그녀와 결혼했다.

그의 아내는 진정으로 그를 사랑했다. 그가 하는 일이 비록 보잘 것없는 일이었지만 유난히 정이 많은 남편의 사람 됨됨이를 늘 자랑스럽게 생각했다.

그러나 그는 착한 아내에게 적은 월급과 기름때에 찌든 작업복을 내놓을 때마다 부끄러운 표정을 지어 보였다. 그런 남편의 모습을 보고 아내는 마음이 많이 아팠다. 아내는 매일 아침 남편의 가방에 도시락과 함께 편지를 써보냈다.

'나는 당신이 너무 자랑스러워요.'

아내로부터 매일같이 이렇게 쓰여진 편지를 받은 남편은, 처음 얼마간은 아내가 자신에게 용기를 주려고 보낸 편지라고 생각해 그저 고맙기만 했다. 그런데 몇 달이 지나도 아내의 편지는 그칠 줄 몰랐다.

그는 정말로 아내가 자기에 대해 자랑스러움을 느낄 수 있도록 무엇인가를 해야겠다고 생각했다. 그래서 그는 평소보다 두 시간 일찍 공장에 출근해서 미처 사람들의 손이 닿지 않는 어두운 창고를 청소하기 시작했다. 아무도 모르게 일부러 이른 시간을 선택했고, 사람들이 출근하기 전에 모든 일을 보이지 않게 끝마쳤다.

그는 아내에게 이런 사실을 자세히 말하지 않았다. 단지 그 일이 아내와 그 사이에서 보이지 않는 기쁨으로 남아 있기를 바랐다. 그렇게 매일 아침 청소를 하며 보람있는 나날이 계속 됐다.

그리고 많은 세월이 흘렀다.

그날 아침도 역시 아내가 싸준 도시락에는 편지가 들어 있었다. 그는 서둘러 공장으로 가서 여느 때와 다름없이 기쁜 마음으로 공장 청소를 했다.

바로 그날 아내의 편지를 읽고 점심 도시락을 먹고 나니, 사장실

로부터 급히 오라는 연락을 받았다.

'내가 무슨 잘못한 것도 없는데, 사장님이 왜 나를 부르는 걸까….'

그는 영문을 모른 채 서둘러 사장실로 올라갔다. 올라가 보니 사장님은 뜻밖의 말을 했다.

"나는 이십 년 전부터 자네를 지켜보아 왔네. 아무도 보지 않는 곳에서 자네가 아니라면 그 누구도 할 수 없는 일을 하루도 빠짐없이 묵묵히 해온 자네에게 온 마음으로 경의를 표하네."

"그렇지만 사장님…."

"자, 자. 난 약속이 있어서 나가봐야 하니 자네도 그만 나가보게."

"…."

그 다음날로 그는 부장으로 승진되었다. 부장이 되어서도 공장 청소만큼은 변함없이 자신이 했다.

"나는 당신이 너무 자랑스러워요."

20년을 말해 준 아내의 이 말은, 무력감과 열등감으로 지쳐 있는 남편을 세상에서 가장 아름답게 세워놓은 힘이 되었다. 자칫 무시당하기 쉬운 남편의 무능함에 그토록 오랫동안 한결같이 따뜻한 시선을 주는 것은 결코 쉬운 일이 아니다.

아내가 하루도 빠짐 없이 매일매일 적어준 도시락 편지는 진정한 사랑이었다. 또한 아내가 해준 격려는 그에게 크나큰 힘이 되었다. 그렇기 때문에 그토록 긴 시간을 오직 한마음으로 기나긴 꿈을 꾸게 했던 것이다.

　빛을 원하는 사람에게 다가가 그의 어두운 뒷모습이 되어 말없이 감당하고, 끝내는 한 줄기 맑고 투명한 빛을 던져주는 사랑이란 얼마나 위대한 것인가. 사랑은 어떠한 꿈보다 더 아름다운 꿈을 꾸게 할 수 있다.

보비의 사랑

영국의 에든버러 시에 보비라는 개가 있었다.

그 개는 주인이 죽어 땅에 묻히자 14년이나 주인의 곁을 떠나지 않고 주인의 묘를 지켰다. 보비는 주인과 함께 다니던 인근 카페에서 사람들이 먹다 버린 빵으로 끼니를 때우며, 엄동설한에도 주인의 묘를 떠나지 않았다.

그러다 14년이 지난 아주 추운 겨울날, 자신의 머리를 주인의 묘비에 기댄 채 꽁꽁 얼어서 죽고 말았다.

사람들은 주인을 잊지 못해 14년 동안이나 주인의 묘를 지킨 보비를, 주인과 나란히 묻어주었고 그 근처에 보비의 동상도 함께 세

위주었다. 그리고 지금 그곳은 유명한 관광지가 되었다. 각박한 세상 속에서 사람도 아닌 개의 한결같은 사랑 이야기가, 많은 사람들에게 깊은 감동을 주었을 것은 너무도 당연한 일이다.

하지만 보비가 그토록 오랜 세월을 한마음으로 주인을 지킨 것은, 보비에 대한 주인의 사랑이 그 많은 시간을 뛰어 넘고도 남을 만큼 컸기 때문이었을 것이다.

항간에 들리는 말에 의하면 보신탕용 개를 기르는 사람들 중에 일부는 자전거 바퀴에 바람을 넣는 펌프를 이용하여 개의 고막을 파열시키는 사람도 있다고 한다. 왜냐하면, 개의 체중은 곧 돈이 되는데 작은 소리에도 예민하게 짖어대는 개는 살이 찌지 않기 때문이라고 한다.

또 어떤 도살업자는 소를 죽이기 전에 일부러 다리를 부러뜨려 한참을 끌고 다닌다고 한다. 그 고통으로 인해 소가 많은 물을 마시게 되면 그만큼 체중이 불어나 많은 부당 이득을 챙길 수 있기 때문이다.

이런 일들은 분명 사랑이 죽어가는 우리 사회의 한 모습임에 틀림없다. 그러므로 14년 동안 주인의 묘를 지켰던 보비의 사랑은, 아마 그보다 더한 사랑을 보비에게 주었을 주인에게서 배운 사랑일 것이다.

정이 메말라 가는 각박한 세상에서도 목숨 있는 것들은 모두가 사랑을 원한다. 그리고 오래도록 진실하게 사랑을 받은 사람은 오래

도록 기억해 두었다가 마침내 그 사랑을 위해 자신의 전부를 바칠
수 있게 된다.

　사랑은 떠나가도 사랑의 기억은 절실하게 그 자리에
남아, 끝끝내 그 사랑을 지켜준다.

새벽이 올 때까지

　민희 아빠는 다니던 직장을 잃은 뒤, 어렵게 모은 돈으로 조그만 음식점을 시작했다. 하지만 음식점을 시작한 지 얼마 안 되어 그만 두어야 했다. 생각보다 손님이 들지 않았기 때문이다. 희망 하나로 시작한 음식점이 실패하자 아빠는 하루하루 마른 꽃잎처럼 시들어 갔다. 민희네 가족은 조그만 집들이 들꽃처럼 옹기종기 모여 앉은 변두리 산동네로 이사를 해야만 했고, 민희 아빠는 이사온 후부터 다른 사람이 되어갔다.

　예전처럼 민희와 동생을 대해주지 않았고, 웃음마저 잃어가는 듯했다. 새벽녘 엄마와 함께 우유배달을 마치고 돌아와도 아빠는 온종일 어두운 방안에만 있었다. 공부를 방해하는 남동생 때문에 민희가 공부방을 조를 때마다 아빠는 말없이 아픔을 삼킬 뿐이었다. 하루는 남동생이 다 떨어진 운동화를 들고 방안으로 들어왔다.

"엄마, 아이들이 내 운동화보고 뭐라는 줄 알아? 거지 신발이래, 거지 신발!"

아빠는 이런 일이 있는 날이면 늘 엄마로부터 천 원짜리 한 장을 받아들고 술 한 병을 사 가지고 들어왔다. 그리고 곰팡이 핀 벽을 향해 돌아앉아 말없이 술잔만 기울였다.

산동네로 이사온 후 얼마 되지 않아 밤늦은 시간부터 비가 내리기 시작했다. 산동네 조그만 집들을 송두리째 날려보내려는 듯 사나운 비바람도 몰아쳤다. 칼날 같은 번개가 캄캄한 하늘을 쩍 하고 갈라놓으면, 곧이어 천둥소리가 사납게 으르렁거렸다. 비오는 날이 계속되면서 곰팡이 핀 천장에는 동그랗게 물이 고였다. 그리고 빗물이 한두 방울씩 떨어지더니, 시간이 지날수록 더 많은 빗물이 방울져 내렸다. 민희 엄마는 빗물이 떨어지는 곳에 걸레 대신 양동이를 받쳐놓았다.

"이걸 어쩌나, 이렇게 비가 새는 줄 알았으면 진작에 손 좀 볼걸 그랬어요."

엄마의 말에 돌아누운 아빠는 아무런 대꾸도 없었다. 아빠는 며칠 전, 우유 배달을 하다가 오토바이와 부딪쳐 팔을 다쳐 며칠째 일도 못하고 있었기에 아픔은 더욱더 컸다.

아빠는 한쪽 손에 깁스를 한 불편한 몸으로 자리에서 일어나, 언제나 그랬듯이 엄마에게 천 원을 받아들고 천둥치는 밤거리를 나섰다. 그런데 새벽 1시가 넘도록 아빠가 집에 들어오지 않아 엄마와 민희는 잠을 이룰 수가 없었다. 창 밖에선 여전히 천둥소리가 요란했고, 밤이 깊을수록 점점 더 불안해졌다. 엄마와 민희는 우산을 받쳐들고 대문 밖을 나섰다.

아빠를 찾아 동네 이곳저곳을 헤맸지만 비바람 소리만 장례행렬처럼 웅성거릴 뿐 아빠의 모습은 보이지 않았다. 할 수 없이 집으로 돌아와 대문을 들어서는 순간, 민희는 자신의 눈을 의심했다. 폭우가 쏟아지는 지붕 위에 웅크리고 앉아 있는 검은 그림자는 분명 아빠였다.

"엄마… 저기 봐…."

아빠는 천둥치는 지붕 위에서 온몸으로 사나운 비를 맞으며 앉아 있었다. 깁스한 팔을 겨우 가누며 빗물이 새는 깨어진 기와 위에 우산을 받치고 있었다. 비바람에 우산이 날아갈까 봐 한 손으로 간신히 우산을 붙들고 있는 아빠의 모습이 무척이나 힘겨워 보였다. 민희가 아빠를 부르려고 하자 엄마는 민희 손을 힘껏 잡아당겼다.

"아빠가 가엾어도 지금은 아빠를 부르지 말자. 너희들과 엄마를 위해서 아빠가 저것마저 하실 수 없다면 더 슬퍼하실지도 모르잖아."

엄마는 목이 메여 더 이상 말을 잇지 못했다. 아빠를 바라보는 민희 눈에도 끝없이 눈물이 흘러 내렸다.

사랑하는 가족들에게 가난을 안겨주고 아빠는 늘 아파했다. 하지만 그날 밤, 아빠는 천둥치는 지붕 위에 앉아 우리들의 가난을 아슬아슬하게 받쳐들고 있었다. 아빠는 가족들의 지붕이 되려 했던 것이다. 비가 그치고, 하얗게 새벽이 올 때까지….

2장 ‥ 우리 함께 사는 동안에

고드름

　집으로 돌아오는 길 내내, 현섭은 벌겋게 부어오른 다리가 몹시 아팠다. 교실에서 담배를 피운 것이 발각돼 오전 내내 학생부실에서 벌을 받고 매를 맞았다. 선도위원회에서 무거운 징계가 내려질 거라는 학생주임의 말은 현섭의 마음에 무거운 돌덩이를 매달아놓았다. 현섭은 불도 켜지 않고 찬밥덩이처럼 방안에만 누워 있었다.

　그리고 다음 날, 현섭의 엄마가 학교로 불려갔다. 학생주임 선생님 앞에서 엄마는 죄인처럼 고개를 숙이고 앉아 있었다.

　"잘못했습니다, 선생님. 제 아이가 죽을 죄를 졌습니다. 제발 한 번만 용서해 주세요."

"이번 일은 지난번과는 달라요. 학생이 교실에서 담배를 피웠으니 그걸 그냥 두면 교육이 바로 서겠습니까. 이번만큼은 무거운 징계를 면할 수 없을 거예요."

엄마는 사탕을 조르는 어린아이처럼 울며 애원했다. 하지만 가슴 가득 눈물만 채운 채 집으로 돌아왔다. 아들과의 불화로 하루도 편할 날이 없었던 엄마의 가슴은 상처투성이였다.

"엄마, 잘못했어…."

"내가 정말 너를 잘못 키웠구나! 엄마도 이제는 지쳤다. 여러 번 학교에 불려갔지만, 이번 같은 일은 도저히 상상도 못할 일이야."

엄마는 넋이 나간 얼굴로 그렇게 말하며 참을 수 없는 실망과 배신감으로 서글픈 눈물을 흘렸다.

다음 날, 학교에 있는 동안 줄곧 현섭의 마음은 무거웠다. 사소한 영웅심으로 저지른 일이 모든 이들을 이토록 힘들게 할 줄은 몰랐다. 현섭은 징계문제로 온종일 학생부실을 드나들었다. 그리고 다음 날, 부모를 다시 모시고 오라는 학생부 선생님의 지시를 받고 집으로 돌아왔다.

대문을 열고 거실로 들어섰을 때, 이상한 냄새가 코를 찔렀다. 창문이 모두 닫혀 있는 밀폐된 조그만 거실에 엄마가 눈을 감고 누워 있었다. 현섭이 상상도 못했던 일이 일어나고 있었다. 가스 밸브가 열려 있고, 거실은 가스 냄새로 가득했다. 오래 전부터 현섭의 문제로 우울해 하던 엄마가 마침내 목숨을 끊으려 했던 것이다.

"엄마! 정신차려! 엄마~아!"

현섭은 미친 듯이 엄마를 흔들었지만 말이 없었다. 몸은 이미 해면처럼 풀어져 있었다. 그 순간 엄마의 얼굴 근육이 파르르 떨리며, 마른 입술 사이로 작은 신음 소리가 새어 나왔다.

"엄마! 왜 이래. 이게 뭐 하는 거야!"

현섭이 울부짖는 소리에 엄마는 가파른 신음만 뱉어냈다.

"엄마! 엄마! 정신차려 봐!"

그때서야 간신히 실눈을 뜬 엄마는 작은 소리로 느릿느릿 말했다.

"엄마가 널 잘못 키운 거니까, 엄마가 죽어야지. 어서 엄마 두고 나가. 어서…."

현섭은 엄마에게 물을 갖다 드리고 꽉 닫힌 창문을 열었다. 그리고 간신히 의식이 돌아온 엄마를 끌어안고 울었다.

"엄마, 괜찮겠어? 병원에 가야지."

"자식 잘못 키운 에미가 무슨 염치로 살겠다고 병원엘 가. 어서 나가. 나가라구…."

엄마는 몸을 반쯤 일으키다가 다시 쓰러지며 울부짖었다. 그때, 현섭의 아버지가 들어왔다. 사태를 짐작한 아버지 얼굴은 참을 수 없는 분노로 일렁거렸다. 엄마에게 우울증까지 만들어주고도 모자라 죽음까지 결심하게 한 아들을 아빠는 용서할 수 없었다. 아빠는 매를 들어 닥치는 대로 현섭을 때렸다.

"너 같은 놈은 죽어야 돼. 사람이라면 이럴 수는 없는 거야."

"아버지 잘못했어요. 용서해 주세요."

평소에 사랑으로 대해주던 아버지의 모습이 아니었다. 엄마는 가누지도 못하는 몸을 일으켜 이성을 잃은 아버지 팔에 매달렸다. 현섭의 여동생도 발을 동동 구르며 울고 있었다.

"여보! 당신이 참으세요. 이러다 애 죽이겠어요. 잘못했다고 빌잖아요, 여보!"

"필요 없어. 이런 못된 놈은 이제 필요 없다구!"

얼굴까지 창백해진 아버지는 아들에게 사정없이 매질을 했다. 잠시 후, 실신할 것만 같은 엄마가 현섭의 앞을 가로막았을 때, 아버지의 매질은 그쳤다. 아버지는 담배를 피워물고 밖으로 나갔다. 죽도록 매를 맞은 현섭은 자기 방으로 들어가서 한참을 울었다.

마디마디 도려낸 것 같은 아픔이 송곳처럼 현섭의 몸과 마음을 찔러왔다. 잘못은 했지만 죽도록 매질을 한 아버지가 현섭은 너무나 야속했다. 아버지에 대한 분노로 손끝이 떨려왔다. 그리고 목숨까지 끊으려 했던 엄마도 너무 미웠다.

현섭은 누워 있던 몸을 반사적으로 일으켜 세웠다. 당장이라도 뛰쳐나가 집과 학교에서 멀어지고 싶었다. 하지만 그 일로 해서 엄마가 정말 죽어버릴지도 모른다는 생각이 들었다. 눈물이 얼굴을 타고 목덜미까지 흘러내렸다. 그리고 이런저런 생각에 몸을 뒤척이다 지쳐서 잠이 들었다. 그런데 잠결에 엄마 목소리가 들려왔다.

"현섭아! 현섭아! 잠깐 일어나봐."

현섭은 눈을 부스스 뜨고 자리에서 일어났다.

"거실로 잠깐만 나와봐라."

굵은 아버지 목소리에 현섭은 거실로 나갔다. 어두운 거실 한가운데에는 촛불이 환하게 켜져 있었다. 케이크 위에 놓여진 열여섯 개의 촛불이 빨리 오라며 손을 흔들고 있었다. 케이크 바로 옆에 아버지와 엄마가 앉아 있었다.

"오늘이 네 생일인 거 아니?"

엄마의 말에 현섭은 눈물이 핑 돌았다. 터져나오는 울음을 참을 수 없어 고개만 끄덕였다. 고개 숙인 아버지의 얼굴에서도 눈물방울이 떨어졌다.

"잘못했어요, 다음부터는 엄마, 아빠 마음 아프게 하지 않을게요…."

"생일날 너를 때렸다고 아빠가 얼마나 마음 아파하셨는데…."

아버지는 슬픈 눈으로 현섭을 바라보고 있었다. 그리고 목 메인 소리로 말했다.

"많이 아팠지. 아빠가 너무 속상해서 그랬어. 착하기만 했던 네가 어쩌다 이렇게 됐나 싶어서 말야. 아빠를 이해해라. 자식은 매를 맞고 하루만 아프면 되지만, 부모는 두고두고 마음이 아픈 거야."

그렇게 말하는 아버지는 더 슬퍼 보였다.

"아버지, 제가 잘못했어요."

"너하고 현정이는 엄마, 아빠가 살아가는 이유야. 자식은 부모에게 불씨와도 같은 거야. 어둠을 밝혀주기도 하고, 때로는 차가운 손을 녹일 수 있는 따스한 불씨가 되기도 하지. 지금은 우리가 아프지만, 아픔이 때로는 길이 될 때도 있어. 고드름은 거꾸로 매달려서도 제 키를 키워가잖아. 아빠는 너를 믿어."

　현섭은 젖은 눈으로 케이크의 촛불을 껐다. 그리고 엄마가 잘라준 케이크 한 조각을 입 속에 넣었지만 자꾸만 자꾸만 눈물이 나왔다. 사방은 너무나 고요했다. 분주하게 초침을 실어 나르던 시계는 벌써 새벽 한 시를 가리키고 있었다.

형의 거짓말

동생이 형에게 말했다.

"형, 아까 돼지저금통에서 꺼낸 돈으로 우리 아이스크림 사 먹자."

"근데, 있잖아. 그 돈 다 잃어버렸어. 백 원짜리 하나만 남았어."

"그렇게 많은 걸 다 잃어버렸어?"

"으응."

형은 거짓말을 한 것이다. 형은 동생 모르게 백 원짜리 동전을 여기저기 주머니 속에 몰래 감춰두었다. 금방이라도 주머니 속 동전들이 짤랑짤랑 소리를 지르며 나올 것만 같았다.

형은 미안한 마음에 동생과 재미있는 놀이를 시작했다. 그러다 너무 신이 나서 주머니에 동전이 있다는 것을 깜빡 잊어버렸다. 물구나무서기를 한 순간 주머니 속에 꼭꼭 숨어 있던 동전들이 알밤처럼 우수수 쏟아져 내렸다.

"형, 돈 찾았다!"

동그란 얼굴을 비비며 방바닥에 쏟아지는 동전들을 동생은 신나게 주웠다. 동생은 그 돈으로 아이스크림을 사기 위해 가게 쪽으로 달려갔다. 그런 동생을 바라보는 형의 얼굴은 무척이나 허탈해 보였다.

아랫목에서 가파른 숨소리를 내며 누워 있는 엄마의 모습과 엄마 얼굴만큼이나 창백하게 비어 있는 약봉지를 떠올린 형의 눈에는 눈물이 가득 고여 있었다.

돼지꿈

뿌연 유리창으로 쏟아져 들어오는 눈부신 햇살에 경섭은 눈살을 찌푸렸다. 라면이며 사탕, 과자들은 먼지를 뒤집어쓰고 진열대 위에 놓여 있었다. 그것들을 바라보는 경섭의 입에서는 저절로 한숨이 새어나왔다.

경섭은 계산대 위에 팔을 괴고 앉아 골똘히 생각했다. 무릎을 칠 만한 묘책이 도무지 떠오르지 않았다. 경섭은 아파트 상가 앞에서 슈퍼마켓을 하고 있었다. 그런데 장사가 되지 않아 문을 닫아야 할 지경이었다. 바로 옆 가게는 손님들이 계산대 앞에 줄을 서서 기다릴 만큼 장사가 잘 됐다. 경섭은 틈만 나면 이웃집 가게를 유심히 살펴보았다. 그 집 주인이 하는 대로만 하면 같은 장소에 있는 자신의 가게가 안 될 리 없었기 때문이다.

그러던 어느 날, 경섭의 아내가 계산대에서 꾸벅꾸벅 졸고 있는 그에게 말했다.

"저 집 주인을 보면 손님을 꼭 왕 대하듯 한다구요. 손님 앞에서는 그저 뱀 만난 개구락지마냥 나 죽여달라고 설설 기는데, 우리도 한번 그렇게 해봅시다. 밑천 드는 거 아니잖아요."

"그 놈의 주인은 자존심도 없나. 내시처럼 그렇게 굽신거리기만 하면 자기네들이 왕이나 된 것처럼 행세할 텐데…."

경섭은 아내의 말이 못마땅하다는 듯 투덜거렸다. 하지만 문닫을지도 모르는 상황에 자존심 따위를 내세울 처지가 아니었다. 그날 이후 두 사람은 거의 완벽하게 속마음과는 달리 겉으로는 정말 친절하게 손님들을 대했다.

그 후로 예전보다 장사가 조금은 나아졌다. 하지만 가겟세를 내고 나면 남는 돈이 별로 없었다. 그래서 뭔가 다른 대책을 강구해야 했다. 경섭이 이것저것 고심하고 있을 때, 그의 아내가 들어왔다. 그의 아내는 경섭 앞으로 뜬금없이 카세트테이프 하나를 내밀었다.

"저 집 보면 계산대 옆에서 항상 찬송가가 흘러나와요. 그러니 예수 믿는 사람들은 죄다 저 집으로 다 뺏길 거 아니에요. 우리도 못할 거 없지요, 뭐. 예수 믿어야 찬송가 틀라는 법 있나요. 자꾸 비린내를 풍겨야 고양이가 오지요."

경섭은 그럴 듯한 아내의 생각에 동의했다. 그날 이후로 그의 가게에서도 찬송가가 울려퍼졌다. 그러나 그들이 기대했던 것만큼 장사가 잘 되진 않았다. 어느 날, 경섭은 잠자리에 들기 전 좋은 방법 하나를 생각해 냈다.

평소보다 두 시간 먼저 가게문을 열고, 더 늦게 문을 닫는 것이었다. 작은 일부터 새로 시작해야겠다고 다짐한 경섭의 마음은 조금 들떠 있었다. 경섭은 다음 날 새벽에 나가기 위해 일찍 잠을 청했다. 그런데 꿈속에서 커다란 돼지 한 마리가 경섭의 앞에 나타났다. 복스럽게 생긴 돼지는 자기 식구들을 데리고 느릿느릿 가게 안으로 걸어들어 오고 있었다. 경섭은 깜짝 놀라 잠에서 깼다. 너무도 생생한 돼지꿈이 분명 좋은 일을 가져다 줄 거라고 생각하며 다시 곤한 잠을 청했다.

이른 새벽, 거리는 어둠이 짙었다. 가을을 몰아낸 겨울바람은 차갑게 함성을 지르며 거리 거리로 쏟아져 나왔다. 경섭은 잔뜩 몸을 움츠리며 가게가 보이는 골목길로 들어섰다. 그 순간 그는 놀라지 않을 수 없었다. 옆집 가게에는 이미 불이 환하게 켜져 있고, 주인은 하얗게 입김을 내뿜으며 가게 앞을 청소하고 있었다.

경섭은 그와 마주치고 싶지 않아 주뼛주뼛 걸음을 늦추었다. 그런데 어둠 속에서 옆집 주인이 하는 행동을 보는 순간, 그는 분노하지 않을 수 없었다. 옆집 주인은 모아놓은 쓰레기를 삽으로 퍼서 경섭의 가게 앞으로 마구 뿌리고 있었다. 그렇지 않아도 쌓인 감정을 간신히 참고 있었는데 잘 됐다는 심정이었다. 멱살이라도 흔들어놓을 양으로 경섭은 다가갔다.

"당신, 지금 뭐 하는 거요?"

경섭은 옆집 주인을 향해 버럭 소리를 질렀다.

"안녕하세요? 추우신데 일찍 나오셨군요."

그는 잔뜩 일그러진 얼굴로 서 있는 경섭에게 천연덕스럽게 인사를 했다. 그리고는 살며시 미소를 지으며 가게 안으로 들어갔다. 경섭은 그의 그런 행동에 잠시 어리둥절했다. 경섭은 자신의 가게 앞에 뿌려진 것들을 다시 한번 자세히 살펴보고는 놀라지 않을 수 없었다.

"이건…."

옆집 주인은 쓰레기를 뿌려놓은 게 아니었다. 지나가던 취객이 밤 사이에 경섭의 가게 앞에 토해 놓은 것을 보고, 옆집 주인은 공터에서 모래까지 퍼다가 청소했던 것이다. 경섭은 고맙다는 인사도 하지 못하고 가게 안으로 들어갔다.

불이 꺼진 어두운 가게에 앉아 경섭은 많은 생각을 했다. 옆집 주인의 말과 행동은 흉내낼 수 있었지만 사람을 소중하게 생각하는 선량한 마음만은 흉내낼 수 없다는 것을 그는 알게 되었다. 이익만을 생각하며 그가 지은 미소 속에서, 사람들은 오히려 이기심만을 바라보았을지도 모른다는 생각이 들기도 했다. 경섭은 문득 지난밤 꾸었던 돼지꿈이 생각났다. 그는 겸연쩍게 웃으며 허공 속으로 혼잣

말을 했다.

'돼지꿈이 행운을 가져다 준다는 게 틀린 말은 아니구먼.'

그의 얼굴에는 다른 때와 달리 온화한 빛이 감돌고 있었다.

아무리 웃으며 손을 내밀어도 거짓은 사람을 감동시
킬 수 없다.

아이는 아마 알고 있을 것이다.

아버지의 지친 노동에 어린 딸이 얼마나 커다란 위안이었는지를….

그리고 사랑하는 딸의 속눈썹에 뽀얗게 내려앉은 연탄재를

아버지가 얼마나 많은 눈물로 가슴속에 쌓아놓으셨는지를….

사람의 향기

어둠은 바람을 몰고 와 잿빛 저녁하늘을 몰아내고 있었다. 곧이어 비가 내렸다. 빗방울은 메마른 도시를 촉촉이 적셔놓았다.

원영 씨는 오랜만에 고등학교 친구를 만났다. 그 친구는 아버지의 광고회사를 물려받아 사회적으로 튼튼한 기반을 잡은 30대 사장이었다. 함께한 술자리에서 그 친구가 말했다.

"원영아, 나 죽는 줄 알았다. 광고 하나 따내는 데 어찌나 애를 먹이던지 아주 혼났다."

"일은 얻어냈어?"

"너무 까다롭게 굴기에 중간 실무자한테 돈 좀 찔러줬지, 뭐. 그랬더니 자동이야, 자동."

"잘 됐다, 요즘 경기도 어려운데…."

"그렇게 사람 속을 태우더니. 허긴 돈이면 안 되는 일이 없잖아, 안 그래?"

"있으면 나쁠 거야 없지 뭐…. 그래도 돈이 인간의 마음이 될 수는 없잖아."

원영 씨는 기세등등한 친구의 마음을 상하지 않게 하려고 조심스럽게 말했다.

"그래도 세상에 돈 싫다는 놈 없잖아. 있으면 어디 한번 나와보라 그래. 돈만 있으면 사람의 마음까지 살 수 있잖아. 돈 있어야 부모도 대접받고, 친구도 있는 세상 아닌가."

원영 씨는 돈과 우정까지 결부시키고 있는 친구의 말을 쉽게 이해할 수 없었다. 잠자코 있자니 변두리 셋방살이를 하고 있는 자신의 모습이 너무 초라하게 느껴졌다.

"내 생각은 좀 달라. 정근아, 내 말을 언짢게 듣지는 마라. 나라가 어려웠을 때, 그래도 돕겠다고 금을 가지고 나온 사람들을 봐라. 서민들이 장롱 속의 아기 돌반지까지 들고 나올 때, 돈 있는 사람들의 금덩어리는 눈감고 귀막고 꼭꼭 숨어 있었다잖아."

"만일 돌반지가 아니라 금괴였다면 그 사람들도 그렇게 쉽게 들고 나왔을까? 그러지는 못했을 거야."

"됐다, 그만두자. 생각이 서로 다를 수도 있지 뭐."

더 이상 말하면 언쟁이 될지도 모른다는 생각에 원영 씨는 그렇게 말했다. 그리고 한 시간쯤 지나 자리에서 일어났다. 술집을 나오자마자 친구는 화장실에 가겠다고 했다.

"정근아, 너 많이 취한 거 같으니까 같이 가자. 화장실이 이 층이라 위험해."

"아니야. 나 취하지 않았어. 이 정도로 내가 취하냐?"

친구는 막무가내로 원영 씨 손을 뿌리치고는 혼자 계단을 올라갔다. 망가진 그네처럼 휘청거리는 그의 모습이 왠지 불안했다. 그런데 잠시 후 어두운 이 층 통로에서 작은 비명소리가 들렸다. 친구가 어두운 계단을 내려오다가 그만 중심을 잃고 굴러떨어지고 만 것이다. 친구 얼굴엔 붉은 산호초가 피어난 것처럼 여러 갈래의 피가 흘러내리고 있었다. 더욱이 다리까지 심하게 절고 있었다.

"거 봐, 내가 뭐랬냐. 같이 가자고 했잖아."

"어두워서 계단이 잘 안 보였어."

원영 씨는 안타까운 마음에 친구를 나무라며 손수건으로 머리의 상처 부위를 감쌌다. 그리고 친구를 부축해 건물 밖으로 나왔다. 택시를 잡으려고 손을 흔들었지만, 여러 대의 택시가 그들 앞에 멈추려다가 쏜살같이 달아나버리고 말았다. 술에 취해 비틀거리며 얼굴이 피투성이가 된 사람을 태운다면, 요금보다 시트 세탁비가 더 들기 때문이었다. 친구는 택시요금을 두 배, 네 배로 준다고 소리쳤지만 소용없는 일이었다. 원영 씨는 급한 마음에 119에 전화했다. 바로 그때, 흰색 승용차 한 대가 미끄러지듯 달려와 그들 앞에 멈췄다. 젊은 남자가 차창 밖으로 얼굴을 내밀었다.

"많이 다치신 거 같은데, 어서 타세요. 근처 병원까지 모셔다 드릴게요."

"그래 주시겠습니까? 정말 고맙습니다."

예상치 못했던 친절에 그들은 몇 번이고 머리숙여 고맙다는 말을 했다.

머리에 붕대를 감은 친구는 오른쪽 다리에 깁스까지 하고 병원에 입원했다.

"그래도 이만 하기 다행이야. 하나님이 도우셨지."

"그러게나 말야. 하마터면 큰일날 뻔했어. 그런데 그 사람 연락처라도 알아놓지 그랬어?"

"참 고마운 사람이야. 근데 우리 내려주고 바로 갔어. 중요한 약속에 늦었다면서…."

"어떻게든 사례를 하는 게 도린데. 어쩌지?"

친구는 얼굴 가득 아쉬운 표정을 지으며 말했다.

"정근아, 너무 아쉬워하지 마. 그 사람이 사례를 바라고 우릴 태워준 건 아닐 테니까."

원영 씨는 이렇게 말하고 나서 잠시 망설였다. 그리고 친구의 손을 살며시 잡았다.

"정근아, 아까 네가 그랬잖아. 돈만 있으면 세상에 안 되는 게 없다고. 근데 피투성이가 된 너를 병원까지 데리고 온 건 돈이 아니었잖아. 돈으로는 바꿀 수 없는 사람의 마음이었지."

친구는 아무 말 없이 고개를 끄덕였다. 친구 얼굴엔 여느 때와 다른 밝은 미소가 번지고 있었다.

송이의 노란 우산

송이 엄마는 시장 좌판에 앉아 나물을 팔았다. 일곱 살 송이는 아침밥을 먹고 늘 엄마를 따라 시장에 나갔다. 어른들만 있는 시장에서 송이의 유일한 친구는 까만 때로 얼룩진 인형뿐이었다. 머리까지 듬성듬성 빠져버린 인형은 흉한 모습을 하고 있었다.

"엄마, 저 할아버지 너무 무서워. 할아버지 옆에 가면 이상한 냄새가 나."

송이는 멀지 않은 곳에 힘없이 서 있는 할아버지를 가리키며 엄마 뒤로 숨어버렸다. 칠십이 넘은 할아버지는 지난해까지만 해도 할머니와 함께 시장에서 채소장사를 했었다. 하지만 할머니가 병으로 돌아가시고 나자 할아버지는 슬픔으로 온종일 술만 마시고 아무 데서나 쓰러져 잤다. 할머니 병원비로 할아버지는 산동네 집까지 모두 잃고 말았다. 시장 사람들은 말했다. 할아버지가 시장을 떠나지 못하는 것은 돌아가신 할머니를 잊지 못해서라고….

술에 취한 할아버지는 대낮에도 방앗간 옆 땅바닥에 쓰러져 코를 골았다. 시장 사람들은 그런 할아버지를 예전처럼 대해주지 않았다. 허구한 날 술에 취해 비틀거리는 할아버지에게 막말을 퍼붓는 사람들도 있었다.

시장 입구에는 가게를 지으려고 파헤쳐 놓은 길이 있었다.

어느 날 송이는 그 앞으로 뛰어가다가 그만 넘어지고 말았다. 송이가 넘어지는 순간 들고 있던 인형이 깊이 파헤쳐진 웅덩이로 떨어져버렸다. 인형이 떨어진 곳엔 썩은 물이 고여 고약한 냄새를 풍기고 있었다.

더러운 물에 빠져서 다리만 간신히 내민 인형을 바라보던 송이는 그만 울음을 터뜨리고 말았다. 송이는 훌쩍거리며 사람들이 지나갈 때마다 손가락으로 인형을 가리켰다.

떠름한 낯빛으로 지나칠 뿐, 더러운 물로 들어가 인형을 꺼내주는 사람은 아무도 없었다. 그런데 바로 그때 닭집 아저씨가 그곳을 지나가고 있었다.

"왜 울어, 송이야."

"아저씨…."

송이는 더 큰 소리로 울었다.

"저건 안 돼, 송이야. 더러운 물 만지면 병 걸려. 엄마한테 인형 사주라고 아저씨가 말해줄게."

송이는 억지로 팔을 끄는 닭집 아저씨를 따라갔다. 그때 뒤에서 누군가의 목소리가 들려왔다.

"아가야…."

뒤를 돌아보았을 때, 송이의 눈은 금세 휘둥그래졌다. 술에 취한 할아버지가 몸을 비틀거리며 인형 있는 곳으로 내려가고 있었다. 할 아버지는 신발을 신은 채 냄새나는 물로 첨벙첨벙 걸어 들어가 인 형을 주웠다. 할아버지는 인형에 묻어 있는 더러운 물을 때 절은 옷 소매로 조심조심 닦아주었다.

"다치지는 않았냐?"

"네…."

송이의 서먹한 대답에도 할아버지는 웃고 있었다. 도깨비 뿔처 럼 마구 헝클어진 할아버지의 하얀 머리가 송이는 예전처럼 무섭지 않았다.

저녁부터 가을비가 보슬보슬 내렸다. 송이는 노란 우산을 받쳐 들고 어둑해진 시장 길을 바쁘게 걸었다. 비를 맞고 누워 있을 할아 버지가 생각났던 것이다. 방앗간 뒤쪽 처마 밑에 누워 있는 할아버지는 비바람으로 얼굴까지 온통 젖어 있었다. 송이는 자기가 쓰고 있던 노란 우산으로 잠든 할아버지의 얼굴을 가려주었다.

그리고 두 손을 머리에 얹은 채, 멀리 엄마가 있는 곳으로 쪼르르 달려갔다. 그런데 송이가 뒤를 돌아보았을 때, 바람에 날아가 버린 노란 우산이 할아버지 옆에 벌렁 누워서 동그란 얼굴을 땅에 비비고 있었다. 송이는 서둘러 할아버지에게로 다시 달려갔다.

세차게 부는 바람 때문에 노란 우산이 날아갈까 봐, 송이는 할아버지 옆을 떠날 수 없었다. 노란 우산 밖으로 나와 있는 할아버지의 새까만 팔을 노란 우산 안으로 끌어당기며 송이는 말했다.

"할아버지, 비 와요. 여기서 자면 안 되는데…."

송이는 여귀꽃처럼 가는 팔로 비에 젖은 할아버지 다리를 처마 밑으로 힘껏 당겼다. 할아버지의 때묻은 손을 송이는 꼭 잡고 있었다. 때 절은 손이지만 더러운 물에 빠진 송이 인형을 꺼내준 고마운 손이었다.

"할아버지… 할아버지…."

두 눈을 꼭 감고 있던 할아버지의 눈가로 따스한 눈물 한 줄기가 흘러내렸다. 젖은 몸을 바들바들 떨고 있던 송이 눈가에도 어느새 눈물이 고였다.

멀리 엄마가 있는 곳에서 조그만 불빛이 붉은 눈을 깜박거리고 있었다. 회색빛 하늘에선 굵은 빗방울이 후두둑 후두둑 떨어지고 있었다.

며칠이 지났다. 송이는 엄마 옆에서 때 절은 인형을 가지고 놀고 있었다. 그때 닭집 아저씨가 등뒤에 무언가를 감추고 송이에게로 다가왔다.

"송이야, 선물이다."

"아, 예뻐라…"

예쁜 인형을 받아 든 송이 눈가엔 어느새 기쁨의 눈물이 맺혔다.

"송이야, 저기 봐. 이 인형, 할아버지가 힘들게 일해서 사주신 거야."

닭집 아저씨가 손으로 가리킨 곳엔 할아버지가 서 있었다. 할아버지는 개나리꽃처럼 활짝 피어있는 노란 우산을 흔들며 송이를 향해 활짝 웃었다. 할아버지가 끌고 있는 낡은 손수레에는 펼쳐진 종이 상자들이 가득히 쌓여 있었다. 그날 이후로 시장 사람들은 못 쓰는 종이 상자를 하나하나 모아 할아버지에게 주었다. 할아버지도 더 이상 술 취해 비틀거리지 않았고, 길 위에 쓰러져 있지도 않았다.

더럽고 냄새난다며 모두 다 할아버지를 멀리 할 때, 어린 송이는 말없이 다가가 할아버지 손을 꼭 잡아주었다. 외로움과 절망으로 아무렇게나 살아가던 할아버지는 송이의 사랑으로 다시 일어설 수 있었다. 할아버지는 더 이상 혼자가 아니었다.

버스 안에는 아기의 울음소리에 얼굴을 찌푸리고 온갖 인상을 다 쓰는 젊은 여자들도 있었다. 자신도 머지않아 아이의 엄마가 될 거라는 생각을 하지 못했던 모양이다. 아기 아빠는, 이마에 맺힌 아기의 땀방울을 흰 손수건으로 닦아주었다. 아빠의 가슴에 안긴 아기의 젖은 머리카락에서 해맑은 별이 반짝인다. 아기는 기억할 것이다. 여러 사람의 눈총을 받으며 묘한 아픔으로 두근거렸을 엄마의 심장 소리를, 그리고 막무가내로 울어대는 자신에게 짜증 한번 내지 않고 달래 주던 아빠의 따뜻한 숨소리를….

오랜 기다림

중국 허난성 루오양 시 교외에 구어팡조 씨와 마음씨 착한 그의 아내가 살고 있었다. 어느 날, 농부인 구어팡조 씨는 우물에서 일을 하다가 깊이가 18미터나 되는 우물에 빠지고 말았다. 급하게 병원으로 옮겨졌지만 뇌를 다친 그는 혼수상태에 빠졌다. 구어팡조 씨는 여러 날이 지나도 깨어나지 못했고, 결국 식물인간이라는 판정을 받았다.

아내 주원샤 씨는 남편을 그렇게 보내야 하는 슬픔을 감당할 길이 없었다. 하지만 그녀는 남편이 다시 깨어날 거라는 희망을 포기할 수 없었다. 6개월 전에 남편과 결혼한 그녀의 뱃속에 아이까지

자라고 있었기에 절망보다는 희망이 먼저 그녀의 가슴속으로 걸어 들어왔다.

주원샤 씨는 남편을 집으로 데려왔다. 그리고 더할 수 없는 사랑으로 남편을 간호했다. 그녀는 따뜻한 물로 움직일 수 없는 남편의 몸을 매일같이 씻어주고 마사지해 주었다.

때론 슬픔을, 때론 기쁨을 남편에게 말했지만, 남편은 두 눈을 꼭 감은 채 아무런 말이 없었다. 어쩌면 깨어나지 못할 수도 있다는 생각이 들었다. 불안함을 떨치려고 더욱더 정성껏 남편을 간호했다. 봄꽃이 피어나고 눈이 내리고 세월은 아픔을 거듭했지만 남편은 끝내 깨어나지 않았다.

그러던 어느 날, 아무도 믿을 수 없는 일이 일어났다. 주원샤 씨가 방에 들어갔을 때 놀랍게도 남편이 두 눈을 뜨고 해바라기처럼 활짝 웃고 있었다. 의사조차 그 사실을 인정하려 하지 않았다. 하지만 의식이 돌아온 구어팡조 씨는 오래 전에 불렀던 노래들을 아내와 함께 불렀다. 의사의 지시에 따라 몸을 조금씩 움직일 수도 있었고, 2 더하기 3은 5라고 대답하기도 했다.

이것은 분명한 기적이었다. 그가 몇 년 만에 깨어났는지를 들은 사람들은 아무도 그 사실을 믿으려 하지 않았다. 놀랍게도 남편 구어팡조 씨가 잠에서 깨어난 것은 23년 만이었다. 20대의 푸르른 시절에 잠이 든 구어팡조 씨는 50살이 돼서야 긴 잠에서 깨어났다. 그 고귀한 사랑을 옆에서 본 사람들은 말했다. 남편이 깨어나 자기를

알아볼 거라는 한 가지 희망으로 23년의 세월을 바친 아내의 사랑이
하늘을 감동시킨 거라고.

　아내 주원샤 씨의 곱던 얼굴엔 세월이 나무 등걸처럼 주름져 있
었다. 웃고 있는 남편을 바라보는 환한 그녀의 얼굴 위로 아픈 세월
이 햇살처럼 부서져 내렸다.

　세상이 아무리 삭막하게 변해간다고 하지만 사랑은 여전히 우리
곁에 남아 있다. 어둠 속에서도, 불빛 속에서도 변하지 않는
게 사랑이다. 슬픔과 어깨를 걸고 봄을 기다릴 줄도 아는
게 사랑이다. 희망을 포기하지 않는 자는 세월을 견딜 수 있다.

선생님의 꽃씨

선생님은 따뜻한 봄이 되면 학생들에게 꽃씨를 나눠주었다.

"이 조그만 꽃씨 안에는 꽃과 줄기와 잎이 들어 있고, 이 씨앗을 닮은 씨앗도 함께 들어 있습니다. 마찬가지로 우리가 살아가는 현재는, 현재 속에 미래를 그대로 담고 있습니다. 씨앗 속에 꽃이 들어 있듯 현재 속에는 미래의 꽃이 아름답게 자라고 있습니다. 그래서 씨앗을 땅에 심지 않고 두면 말라서 죽는 것처럼 현재의 시간들을 우리 마음속에 정성껏 심어 두지 않으면, 나중에 꽃을 보고 싶어도 볼 수가 없는 겁니다."

학생들은 선생님과 함께 교실 옆에 있는 햇볕이 잘 드는 화단에 꽃씨를 심었다. 그리고 물을 흠뻑 주었다. 선생님은 아이들의 이름이 적힌 표찰을 화단 앞에 세우며 이렇게 말했다.

"여기서 싹이 나오든 안 나오든, 예쁜 꽃이 피어나든 그렇지 않든 이 시간 이후 이 씨앗들의 운명은 바로 여러분의 몫입니다. 다만 선생님은 머지않아 이 화단을 수놓을 꽃들을 통해 여러분이 내일을 배워 나갈 수 있기를 바랄 뿐입니다."

따뜻한 손길

밍밍한 도시의 하늘 위로 잠자리떼가 날아다녔다. 고추잠자리 한 마리가 유영하듯 날아가는 잿빛 하늘 위로 가을이 미끄러지듯 지나가고 있었다. 미수 씨는 저녁 찬거리를 준비하기 위해 시장통으로 분주히 걸어갔다. 그런데 시장에서 조금 떨어진 곳에서 시끄러운 소리가 들려왔다. 사람들이 모여 있는 틈 사이로 표독스러운 사내 얼굴이 보였다.

"아줌마, 내가 여기서 장사하면 안 된다고 했지요. 아줌마 귀먹었어요?"

'거리질서 확립'이라고 쓰여진 완장을 두른 사내는 잡아먹을 듯 아줌마를 노려보고 있었다. 일행으로 보이는 또 한 사내가 뒷짐을 지고 그 옆에 서 있었다.

"죄송해요⋯. 근데요, 아무리 뒤져봐도 여기밖에는 없어요. 높으신 분들이 저희 같은 사람 한 번만 봐주세요."

"아니, 봐줄 걸 봐달라고 해야지. 이 아줌마 참 답답하네. 벌써 몇 번쨀 줄 알아요? 윗사람들이 보고 나 잘리면 아줌마가 밥 먹여줄 겁니까?"

"정말 죄송해요. 이거 없으면 우리 식구 모두 굶어야 합니다. 어려우시겠지만 어떻게 한 번만 봐주세요."

"죄송이구 뭐고, 여기는 정화구역이라 대통령도 장사 못해요."

두 손을 모은 채 고개를 조아리는 아주머니의 모습은 마치 죄인 같았다. 기세등등한 사내는 말없이 옆에 서 있던 동료에게 침까지 튀기며 말했다.

"지난번에도 수거차량까지 갖고 왔었다구. 여기다가 좌판 한 번만 더 차리면 차로 실어가겠다고 했는데도 저 모양이니 말로는 도저히 안 되는 아줌마야. 어서 실어가자구."

"요번 한 번만 더 봐주죠."

"안 돼. 한두 번 봐주다 보면 결국은 눌러 앉는다니까. 어서 그쪽 들어."

사내는 주황색 단감이 가득 담겨 있던 큰 플라스틱 통을 번쩍 들었다. 감을 파는 아주머니는 사내의 팔뚝을 꼭 잡고 필사적으로

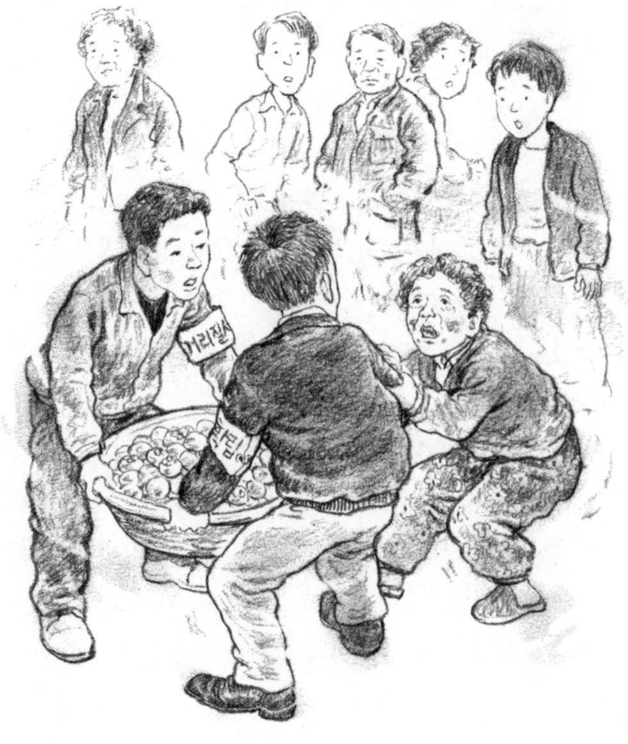

매달리기 시작했다.

"제발 부탁이에요. 이러지들 마세요. 제발요."

아줌마는 울먹이며 애원했다. 그 광경을 지켜보던 미수 씨가 참다못해 끼어들었다.

"아저씨, 그걸 가져가진 마시죠. 여기서 못 하면 다른 곳에서 장사해야 하니깐요."

"아줌마도 참견 마쇼. 나도 하고 싶어 이러는 거 아니니까."

사내는 미수 씨 말에 못을 치고는 감이 담긴 통을 트럭 뒤쪽에 내동댕이쳤다. 그 순간 단감들이 쏟아져 내리며 제멋대로 굴러갔다. 아주머니는 더 이상 어쩌지 못하고 땅바닥에 주저앉았다. 그리고 실밥이 팽이버섯처럼 늘어진 옷소매로 메마른 눈물만 찍었다. 그때, 한 젊은이가 급히 달려왔다. 젊은이는 차도 한쪽에 세워져 있는 운반차량의 뒤쪽으로 재빨리 뛰어올랐다.

"지금 뭐 하고 있는 거야. 공무집행 중이라는 거 몰라?"

사내는 위협적인 목소리로 말했지만, 그는 들은 척도 하지 않았다. 그리고는 아무렇게나 흩어져 있는 감들을 주섬주섬 통에 담았다.

"자네가 하는 일이 법에 어긋난다는 거 알아?"

"그건 잘 모르겠어요. 그런데 깨끗한 거리를 만들어야 한다고 가난한 사람들을 거리에서 내몰아야 하나요?"

"자네 지금 나한테 설교하는 건가?"

"그렇게 생각하셨다면 용서하세요. 하지만 감을 팔아야 생계를 이어갈 수 있는 아주머니를 생각해서라도 가져가진 말아주세요. 부탁드립니다."

"내가 어디 한두 번 말했는 줄 알아!"

"아저씨 부탁드릴게요. 사람에겐 빼앗겨서는 안 되는 것들이 있잖아요."

용기 있는 젊은이의 말을 듣고 있던 사내의 얼굴은 이전보다 많이 누그러진 듯했다. 그는 잠시 난감한 표정을 짓더니 담배를 피워 물었다.

"나도 하고 싶어서 하는 일 아냐. 없는 사람 가슴에 못 치는 일이 뭐 신나는 일이라구. 목구멍이 포도청이라 할 수 없이 하는 일이지."

사내는 허탈하게 미소를 지었다. 그리고 슬그머니 그곳을 떠나 버렸다. 땅바닥에 앉아 있던 아줌마는 안도의 한숨을 쉬었다. 젊은이는 감이 담긴 플라스틱 통을 끌고 아주머니에게 다가갔다.

"고마워요, 학생. 너무 고마워요."

"많이 속상하셨지요. 사실 제 어머니도 이 시장 안에서 장사를 하시는데 처음엔 많이 쫓겨다니셨대요."

그의 눈빛 속엔 무어라 말할 수 없는 맑은 신념이 가득 차 있었다. 그는 아주머니가 봉지에 담아준 단감을 끝끝내 내려놓고는 어스름 길을 따라 총총히 사라졌다. 그의 뒷모습을 바라보던 미수 씨 얼굴 위로 흐뭇한 미소가 번졌다. 미수 씨는 허탈한 표정을 짓고 있는 아주머니 앞에 쪼그려앉았다.

"아주머니 봉지 큰 걸루 하나 주세요."

"감에 흙이 묻어서 어쩌나. 깨끗한 감만 골라가세요."

"어차피 깎아먹을 건데요, 뭐."

"그나저나 어디로 가야 할지 걱정이네요. 이짓 아니면 먹고살기도 힘든데…."

아주머니는 넋을 놓고 땅만 바라보고 있었다. 대책없는 한숨이 검붉은 입술을 비집고 쏟아져 나왔다. 무어라 위로할 수 없었던 미수 씨는 아픈 마음으로 주머니 가득 단감만 담았다.

"많이 파세요, 아주머니."

"네, 고맙습니다."

시장 안으로 들어서는 길가에서 미수 씨는 잠시 가을하늘을 올려다보았다. 조금 전 보았던 젊은이의 용기 있는 모습이 일렁이는 물살처럼 푸른 하늘에 아른거렸다. 미수 씨는 멍들고 깨진 감들만 가득 담겨 있는 비닐봉지를 열어 보았다. 미수 씨 얼굴 위로, 가을햇살이 꽃송이처럼 사뿐히 내려앉고 있었다.

사랑은 언제나 낮고 초라한 곳에 있다. 그리고 인간을 느낄 수 있는 유일한 것은 사랑이다.

물구나무 서기

　보증 서주었던 절친한 친구가 자취를 감춘 뒤, 정호는 여러 날 잠을 이룰 수 없었다. 만일 친구가 끝내 오지 않는다면 집까지 이사해야 할 형편이었다. 내년이면 대학에 들어갈 딸과, 고등학생이 될 아들의 얼굴을 보면 그의 마음은 금세 고개 숙인 난쟁이가 돼버렸다.

　정호가 울적해진 마음을 달래보려고 대문을 나설 때, 그의 아내가 말했다.

　"너무 걱정하지 마세요. 모두 다 잘 될 거예요."

　"믿을 놈 하나 없으니 앞으로 어떻게 살아가야 할지 막막하네.

한 번도 아니고 두 번씩이나 이렇게 흉한 꼴 당하고 나니까 이젠 아무도 못 믿겠어."

"기도하고 있으니까 어떻게든 길을 주시겠지요. 너무 걱정하지 말아요."

정호는 아내 말에 무심히 고개만 끄덕였다. 40일을 작정하고 새벽기도를 나가는 아내 얼굴에 담겨 있는 희망이 정호는 오히려 부담스러웠다.

정호의 가슴은 앞날에 대한 불안과 사람들에 대한 불신으로 가득 차 있었다. 그리 뜨겁지도 않고 차갑지도 않은 밋밋한 삶을 살아왔지만, 인간에 대한 예의가 이웃들과 친하게 지내는 일이라고 정호는 굳게 믿고 있었다. 그런 그에게 절친한 친구의 배신은 도저히 감당할 수 없는 아픔이었다.

정호는 매일 아침이면 아파트 뒷산에 올랐다. 하지만 햇빛을 감고 단아하게 흔들리는 떡갈나무 잎새도 그의 눈에 들어오지 않았다. 푸른 나무 위로 포로롱 날아 앉는 산새들에게도 예전처럼 눈길을 주지 않았다.

정호는 숨을 헐떡이며 산의 중간쯤에 올랐다. 산 아래쪽에는 초등학교가 하나 있었다. 학교가 내려다 보이는 곳에 철조망 울타리가 있었는데 한 남자아이가 철조망에 바싹 다가앉아 있었다. 아이는 굵은 나무막대를 지렛대로 삼아 철조망 아래쪽을 사정없이 들어올리고 있었다. 지름길을 만들기 위해, 울타리를 망가뜨리는 아이를 정호는 그대로 둘 수 없었다.

"애, 그런 짓 하지 마라. 그게 뭐 하는 짓이야. 많은 돈 들여 만들어놓은 걸…."

"…"

정호의 말에 아이는 시선을 땅에 고정시킨 채 딴청을 부렸다. 그러더니 슬그머니 자리에서 일어나 언덕 아래쪽으로 사라져버렸다.

"어른 아이 할 것 없이 이렇게들 양심없이 사니까 세상이 거꾸로 돌아가지…."

정호는 잔뜩 찌푸린 얼굴로 혼잣말을 해댔다.

우울한 마음을 달래보려고 오른 산에서 정호는 오히려 불신의 유리조각만 마음속에 꽂으며 산을 내려와야 했다.

다음 날도 정호는 뒷산에 올랐다. 며칠째 산을 오르지만 안개가 가득한 현실은 정호의 마음속에 무겁게 매달려 있었다. 산길을 막 들어섰을 때, 키 큰 나무 아래로 거미 한 마리가 거미줄에 제 몸을 늘어뜨리고 아롱아롱 춤추듯 매달려 있었다. 거미는 위쪽을 향해 오르려 바둥거렸지만 허공을 휘저으며 제자리걸음만 할 뿐이었다. 물기 먹은 잎새 하나가 거미 바로 아래쪽에 무겁게 매달려 있었다. 거미는 그 무게를 끌어올리지 못하고 힘겨워했다.

정호는 어쩌면 그것이 자신의 모습일지도 모른다고 생각하며 거미를 우두커니 바라보았다. 그리고는 팔을 길게 뻗어 거미줄에 매달려 있는 나뭇잎을 떼어주었다. 그러자 거미는 날쌘 동작으로 나무

위를 향해 거미줄을 당기기 시작했다.

정호는 평소보다 느린 걸음으로 산에 올랐다. 그런데 산을 넘어갈 무렵, 정호는 또다시 발목을 잡히고 말았다. 그곳은 바로 전날 한 아이가 망가뜨려 놓은 철조망 앞이었다. 사람 머리가 들어갈 정도로 구멍이 난 철조망 안에는 흰쌀밥이 담긴 그릇이 있었다. 하얀 플라스틱 그릇에는 '집 없는 쌈지에게 먹을 걸 주세요'라고 적혀 있었다. 그리고 그 옆에 물그릇도 함께 있었다.

가까운 곳에 어미 개 한 마리와 어미를 쏙 빼닮은 새끼 강아지 한 마리가 경계의 눈빛으로 정호를 바라보고 있었다. 잠시 후 어미 개가 느린 걸음으로 다가와 밥그릇 앞에 오두마니 앉더니, 또롱또롱한 눈빛의 새끼 강아지도 쪼르르 어미 곁으로 다가왔다. 그런데, 안타깝게도 어미 개는 호미처럼 휘어진 한쪽 다리를 심하게 절룩이고 있었다.

정호는 그제서야 아이가 학교 울타리에 구멍을 낸 이유를 알 것 같았다. 집을 잃고 다리까지 다친 채 산 속에서 살아가는 개들에게 먹이를 넣어주려고 아이는 울타리에 구멍을 냈던 거였다. 절룩이는 어미를 그림자처럼 따라다니는 어린 강아지를 지켜보며 정호의 마음은 내내 짠했다. 아이에게 미안한 마음이 들었다.

눈에 보이는 것만으로 세상을 보려 했던 자신을 향해 정호는 나무라듯 속삭였다.

"세상이 물구나무를 선 게 아니라, 내 마음이 물구나무를 서 있었구만. 그러니 모두 다 거꾸로 보일밖에…."

정호가 뉘우침으로 긴 한숨을 뱉어낼 때, 문득 아침에 들었던 아내의 말이 생각났다.

"새벽 예배에 하루도 빠짐없이 나오시는 할아버지가 있어요. 중풍으로 고생을 하시는데 오늘 새벽에는 교회 앞에서 할아버지를 만났거든요. 한 걸음 한 걸음 걷는 모습이 너무도 힘겨워 보이길래 도와드리려고 갔더니, 웃으며 사양하시더라구요. 그래서 나 먼저 앞서 걸었어요. 그런데 뒤에서 할아버지 목소리가 들려오는 거예요. 한 걸음을 힘겹게 뗄 때마다 '주여, 힘을 주소서…'라고 말씀하시는데 얼마나 은혜스럽던지…."

눈물을 글썽이던 아내의 말이 정호의 가슴속으로 성큼 들어왔다. 한 걸음을 걷기 위해 기도해야 하는 중풍병 할아버지처럼, 때로는 어둡고 안개 자욱한 길을 걸으며 소리없이 기도해야 하는 게 인생인지도 모른다고 정호는 생각했다.

정호는 고개를 들어 하늘을 바라보았다. 얼굴 가득히 맑은 햇살을 받으며 정호는 자신도 모르게 미소지었다.

"그래. 모든 게 잘 될 거야. 빛은 어둠 속에서 더 찾기 쉬운 법이니까…."

풀 냄새 가득한 초록 바람이 정호의 얼굴을 스치고 지나갔다. 두 팔을 힘차게 저으며 걷고 있는 정호의 걸음 위로 배추꽃흰나비 한 마리가 팔랑팔랑 춤을 추며 따라오고 있었다.

어미새의 사랑

영훈이 어릴 적 시골 외갓집에 놀러 갔을 때의 일이다. 영훈은 친구들과 함께 뒷동산에 올라갔다가 어미새를 따라 둥지 밖으로 나온 새끼 때까치 한 마리를 잡았다. 아직 어린 티를 벗지 못한 새끼 새를 손에 쥐고 신이 나서 집으로 왔다. 끈으로 다리를 살짝 묶어 감나무 아래 밑동에 매어놓았다. 그리고 싸리나무로 만든 흑갈색 병아리막으로 새끼 때까치를 덮어놓았다.

그런데 잠시 후부터 그 감나무 꼭대기에서 새 한 마리가 울기 시작했다. 가만히 올려다보니 분명 때까치였다. 몇 시간이 지나도록 그 자리를 떠나지 않는 것을 보고, 영훈의 머릿속에는 잡혀온 때까치의 어미라는 생각이 떠나지 않았다.

불쌍한 새끼새를 빨리 놓아주라는 사촌형의 말에도 영훈은 아랑곳하지 않았다. 잠자리에 든 어두운 밤에도 어미새의 울음소리는 그치지 않았다.

다음 날 아침 영훈은 일찍 일어나 다급한 마음으로 새끼새에게 먹일 메뚜기를 잡으러 뒷동산에 올라갔다. 이슬에 바지가 다 젖도록 돌아다닌 뒤 겨우 메뚜기 몇 마리를 잡을 수 있었다. 그런데 집으로 돌아와 병아리막을 걷어보니 참으로 이상한 일이 벌어졌다. 때까치 새끼 주변에 죽은 메뚜기와 거미가 몇 마리 있었던 것이었다.

"혹시 형이 이 새에게 먹이를 준 거야?"

"아니."

"참, 이상하네."

형이 넣어준 줄 알았는데 아무도 먹이를 넣어준 사람은 없었다. 그렇다면 그 어미가 새끼에게 먹이를 물어다 준 것이 틀림없었다.

영훈은 그때, 자신이 그 어린 새를 키울 수 없다는 것을 알았다. 곧바로 다리에 묶여 있던 끈을 풀어 동산으로 간절히 날려보냈다. 그리고는 새끼 때까치가 어미의 품으로 돌아갈 수 있기를 소망했다.

아이를 구한 청년

북새통을 이루던 지하철도 휴일 밤 늦은 시간엔 한산했다. 밤하늘이 보이는 승강대에 서서 정임 씨는 시계를 봤다. 십 분이 지났는데도 차는 오지 않았다. 안산 방향으로 가는 전동차만 연거푸 두 대가 지나갔다. 종종걸음을 하며 멀찍이 서 있는 사람들을 지나, 시퍼런 날을 세운 겨울바람이 불어왔다. 정임 씨는 따가운 바람에 고개를 돌리고 지그시 어금니를 깨물었다. 그리고 초조한 마음으로 다시 시계를 들여다보았다. 그런데 바로 그때, 아주 끔찍한 일이 일어나고 말았다.

"안 돼, 태호야!"

눈 깜짝할 사이에 일곱 살 된 아들 태호가 승강장 아래쪽으로 떨어져 울고 있었다. 태호가 떨어뜨린 장난감 비행기를 주우려고 철로로 뛰어내린 거였다.

"엄마! 엄마!"

아이는 아픈 무릎을 감싸쥐며 숨넘어갈 듯이 울고 있었다.

"태호야! 빨리 이쪽으로 와서 엄마 손 잡아."

갓난아이를 등에 업고 있던 정임 씨는 승강대 모서리에 발끝을 간신히 걸치고 다급한 목소리로 말했다. 그런데 아이가 정임 씨 쪽으로 발걸음을 떼는 순간, 전동차가 들어온다는 다급한 신호음이 들려왔다. 더 이상 지체할 시간이 없었다. 정임 씨는 등에 업은 아이를 내려놓고 철로로 뛰어내리기 위해, 포대기 앞끈부터 풀었다.

"태호야! 잠깐만. 엄마가 금방 내려갈게."

정임 씨는 울고 있는 아이를 향해 더듬더듬 말했다. 정임 씨의 손은 몹시 떨리고 있었다.

"엄마! 빨리 내려와. 무서워!"

"그래, 태호야. 엄마 금방 내려갈게."

역으로 들어오는 전동차의 굉음소리가 아주 가까이에서 들려왔다. 설상가상으로 반대 방향에서도 지하철이 들어온다는 신호음이 들려왔다. 정임 씨는 눈앞이 흐려졌다.

"태호야! 저기 가운데로 가 있어. 엄마가 내려갈 테니까. 어서, 빨리 저쪽으로 가!"

"엄마! 엄마! 엄마!"

정임 씨는 전동차가 교차하는 중간 지점을 손으로 가리키며 말했지만 겁에 질려 우는 아이는 엄마의 말을 듣지 않았다. 정임 씨는 헐거워진 포대기 끈을 다시 고쳐맸다. 그리고 아이를 업은 채 뛰어내리려고 굽높은 신발을 벗었다. 그 순간 멀리서 한 청년이 정임 씨 쪽으로 달려왔다. 그리고는 승강장 아래로 쏜살같이 뛰어내렸다.

청년은 아이를 번쩍 안아 승강장 위로 올려놓았다. 그리고 전동차의 불빛이 그를 삼키기 바로 직전, 승강대 위로 간신히 뛰어올랐다. 잠시 후 괴물처럼 커다란 전동차가 누구라도 잡아먹을 듯 으르렁거리며 승강장 안으로 들어왔다.

정임 씨는 아이를 붙들고 아예 바닥에 주저앉아 울었다. 창백해진 얼굴빛으로 옆에 앉아 있던 청년의 이마와 콧등에도 땀방울이 송글송글 맺혀 있었다. 청년의 옷은 실곰팡이처럼 더러운 먼지가 덕지덕지 붙어 있었다.

"고맙습니다. 정말 고맙습니다."

청년의 손을 꼭 잡은 정임 씨의 목소리는 가늘게 떨리고 있었다.

"아이는 괜찮지요?"

그렇게 묻고 있는 청년의 눈망울 속엔 맑은 별빛이 스며들어 있었다.

"네, 괜찮아요."

"어디 다치진 않으셨어요?"

"저는 괜찮아요. 아이가 많이 놀랐겠네요."

"몇 초만 늦었어도 큰일날 뻔했어요. 고맙습니다. 정말 고맙습니다."

절박한 상황에서 한숨 돌린 정임 씨는 눈물을 흘리며 고맙다는 말만 거듭했다. 청년은 바지며 웃옷에 묻은 먼지를 털어내며 말했다.

"저는 화장실에 가서 씻고 가야겠네요. 아가야 다음부터는 이런 데서 뛰어내리지 마. 위험하니까. 엄마가 놀라셨잖아."

청년은 아이의 머리를 쓰다듬으며 입가에 살며시 미소를 지었다. 그리고 계단을 향해 걸어갔다. 그의 뒷모습을 바라보는 정임 씨는 자꾸만 눈물을 흘렸다. 정임 씨는 웃소매로 눈물을 닦으며 그를 향해 다시 소리쳤다.

"정말 고맙습니다. 살아가면서 잊지 않을게요."

조그만 체구의 청년은 고개를 돌려 꾸벅 인사를 했다. 그리고 계단 손잡이를 잡고는 짧고 가느다란 한쪽 다리를 절룩거리며 힘겹게 계단을 올라갔다.

우리 함께 사는 동안에

수유역 지하도를 빠져나온 정수 씨는 까칠한 얼굴을 어루만졌다. 하늘은 점점 노을빛으로 물들었고 거리에는 어둠이 내리기 시작했다. 할머니 한 분이 지하철 출입구에서 싸구려 양말을 팔고 있었다. 해거름 무렵 내린 진눈깨비로 거리는 을씨년스럽게 젖어 있었다. 정수 씨는 가던 길을 멈추고 양말을 파는 할머니 얼굴을 물끄러미 바라보았다.

"양말 좀 사가세요. 두툼한 게 참 따뜻해요."

정수 씨는 양말이 널려 있는 파란색 비닐포대 앞으로 성큼 다가섰다.

"얼마예요, 할머니?"

"한 켤레 천 원밖에 안 해요. 몇 켤레나 드릴까요?"

"잠깐만요."

정수 씨는 수북이 쌓여 있는 양말을 뒤적거렸다. 그때, 한 노신사가 정수 씨 옆으로 다가와 앉았다.

"할머니, 이 양말 얼마지요?"

회색 코트에 중절모를 쓴 노신사의 목소리는 정감있고 따스했다.

"하나에 천 원이에요. 보기엔 이래도 아주 따뜻해요."

"그래요? 그럼 열 켤레만 싸주시죠."

정수 씨는 노신사의 얼굴을 찬찬히 바라보았다. 눈썹까지 하얗게 눈이 내린 노신사는 세월의 선물인 것처럼 얼굴 가득 환한 미소를 짓고 있었다. 그 미소 속엔 슬픔을 넘어선 고결한 아름다움이 배어 있었다.

"할멈 없이 혼자 사니까 매일 양말 빠는 것도 일이더라구요."

"네에. 그러시겠지요."

"많이 파셨어요, 할머니?"

"웬걸요. 낮에 아들네 집 다녀오느라 이제야 겨우 나왔는걸요."

"춥지는 않으세요? 연세도 많으신 것 같은데."

"왜 안 춥겠어요. 근데 젊어서부터 해온 일이라 이 정도 추위는 아무것도 아니에요. 추운 겨울이 있어야 봄 따뜻한 줄도 아는 거 아

© 이철환

니겠습니까."

"추위가 빨리 가야지 원."

노신사는 그렇게 말하고는 돈을 셌다.

"열 장 맞을 겁니다. 늙으니까 눈이 어둬서 돈 세기도 힘들어요."

"맞겠지요, 뭐. 길 미끄러울 테니 조심해 가세요."

"네."

노신사가 가고 난 뒤, 정수 씨는 양말 세 켤레를 샀다. 그리고 역
바로 앞에 있는 커피숍에 앉아 친구를 기다렸다. 친구는 한 시간이
넘도록 오지 않았다. 창 밖은 어둠이 짙게 깔렸고, 입김을 뿜으며 지
나가는 사람들의 모습이 을씨년스러웠다. 그러다 가끔씩 지하도 입
구 쪽을 바라보았다. 양말을 파는 할머니는 거리에 앉아 추운 날씨
에도 꾸벅꾸벅 졸고 있었다. 그 옆을 지나는 사람들은 주머니에 손
을 넣고 종종걸음을 하고 있었다.

일자리를 구해주기로 한 친구는 아홉 시가 넘도록 오지 않았다.
정수 씨는 쓴 약 같은 기침을 뱉으며 커피숍을 빠져나왔다. 정수 씨
가 무거운 발걸음으로 지하철역까지 왔을 때, 할머니가 양말을 싼
보따리 위에 앉아 있었다. 할머니는 다람쥐처럼 웅크리고 앉아 발바
닥을 주무르고 있었다.

"들어가시게요, 할머니?"

"으스스 춥고, 팔리지도 않고 해서 들어가야 하는데, 돈 임자가
안 와서 어쩐다?"

"돈 임자라니요?"

"아니, 세 사람한테 물건 팔았으니 뻔한 돈 아니겠소. 근데 만 원 짜리 세 장이 더 있으니, 돈 더 주고 간 사람은 얼마나 속타겠소. 아까 그 할아버지가 아닌가 싶은데…. 늙으면 눈도 다 소용없다니깐. 그러니 천 원짜린 줄 알고 만 원짜리 받은 나도 눈 뜬 장님이지."

졸음을 쫓으며 할머니가 말했다.

"할머니, 날도 추운데 이제 그만 들어가세요."

"그럼 안 되지요. 우리 막둥이가 학교 선생님인데, 내가 돈 때문에 못된 마음 먹으면 안 되지."

할머니는 길게 하품을 하며 야윈 몸을 움츠렸다. 정수 씨는 더이상 어쩌지 못하고 지하철 계단을 내려왔다. 정수 씨 마음 깊은 곳에서 돌아가신 어머니 얼굴이 아픔으로 출렁거렸다.

양말 할머니에게 준 만 원짜리는, 천둥치는 세월을 살다가신 어머니에 대한 속죄였다. 정수 씨 눈가엔 어느새 눈물이 고여왔다. 먹먹한 가슴 한편으로 그리움이 몰려왔다. 그리고 눈물 젖은 어머니가 정수 씨 가슴속으로 뚜벅뚜벅 걸어들어 왔다.

'어머니. 스무 살 아들은, 이제 불혹을 넘겨서야 세상 밖으로 나왔습니다. 추운 시장 바닥에서 콩나물을 팔아가며, 감옥에 있는 아들 뒷바라지하시다 돌아가신 당신의 사랑을 어떻게 보답해야 하나요. 면회소 안에 아들을 두고 깡마른 얼굴로 흘리시던 당신의 눈물을 이제와 어떻게 닦아드려야 하나요.'

눈물을 흘리는 정수 씨 앞에 어머니 모습이 그림자처럼 서 있었
다. 다가서면 멀어지고, 다가서면 또 멀어지면서 어머니는 희미한
어둠 속으로 사라져버리고 말았다.

엄마는 온종일 음식을 만드느라 다리가 많이 아픕니다.
하지만 손님에게 내 줄 음식을 준비하는 동안에도
엄마는 서서 책을 읽고 있습니다.
어린 딸은 식당 한쪽 희미한 불빛 아래 앉아 열심히 공부하고 있습니다.
비록 공부방은 없지만, 그리고 잠을 잘 따뜻한 방 한 칸도 없지만
엄마와 딸은 그래도 행복합니다.
아주 가까운 곳에 서로를 환하게 밝혀주는 등불이 있으니까요.

떡 할머니

　서영의 할머니는 한 달에 한 번 고아원에 가셨다. 그 고아원은 할머니가 태어나신 고향에서 멀지 않은 곳에 있었다. 고아원에 가는 날이면 할머니는 전날부터 엄마와 함께 아이들에게 줄 음식을 정성껏 준비하셨다. 과자나 과일도 준비했지만 언제나 빠지지 않는 음식은 떡이었다. 그래서 고아원 아이들은 서영이 할머니를 '떡 할머니'라고 불렀다.

　서영이도 가끔 할머니를 따라 고아원에 갔다. 아이들과 하루를 보내고 돌아오는 길에서 서영이는 할머니에게 묻곤 했다.

　"할머니, 아이들은 왜 고맙다는 말도 안 하지? 할머니가 맛있는 음식을 해다 주는 걸 당연하게 생각하는 것 같아. 사람들한테 늘 받기만 해서 그런가 봐?"

"서영아, 그렇지 않아. 그 아이들은 고맙다는 표현을 하는 데 익숙하지 못할 뿐이야. 사랑을 받지 못하고 큰 아이들이라서 그래. 가엾은 아이들이야."

"그래도 고맙다는 말 정도는 할 수 있는 거잖아."

"왜 고마운 걸 모르겠니? 하지만 사랑은 강물 같은 거란다. 흐르는 소리는 들리지 않아도 강물은 여전히 흘러가거든…. 할미는 그 조그만 아이들의 눈빛을 보면서 사랑과 감사를 느낄 수 있는 걸."

서영이는 할머니 말을 다 이해할 수 없었다. 하지만 차창 밖으로 보이는 남한강 줄기를 바라보며 할머니가 했던 말을 마음속으로 되뇌어보았다.

"사랑은 강물 같은 거란다. 흐르는 소리는 들리지 않아도 강물은 여전히 흘러가거든."

돌아가시기 몇 해 전부터 서영이 할머니는 거동을 못하셨다. 할머니는 고아원에 가시지 못하는 걸 가장 마음 아파하셨다. 아카시아 꽃이 피어날 무렵, 할머니는 평생 지니고 다니시던 조그만 십자가를 손에 꼭 쥐고 평화롭게 눈을 감으셨다.

할머니가 돌아가시던 해 가을, 서영이는 할머니 산소에 갔다. 할머니는 할머니가 태어나신 고향 뒷산에 잠들어 계셨다. 서영이는 마을 입구에서부터 눈물을 글썽이며 할머니가 누워 계신 언덕까지 올랐다. 그런데 할머니 산소 앞에 도착했을 때, 서영이는 깜짝 놀라지 않을 수 없었다.

할머니 산소 앞에는 삼십 개도 넘어 보이는 조그만 박카스 병들이 가지런히 놓여져 있었다. 조그만 병들마다 형형색색의 들꽃들이 물과 함께 담겨져 있었다. 시들어버린 꽃들도 있었지만, 꽂아놓은 지 얼마 되지 않은 싱싱한 들국화도 있었다. 그리고 꽃병들 앞에는 하얀 종이 위에 떡 몇 조각이 놓여 있었다. 들깨만한 개미들이 줄을 이은 하얀 종이 위에는 이렇게 쓰여 있었다.

'고마운 떡 할머니. 떡 맛있게 드세요. 몇 밤 자고 또 올게요.'

'할머니는 하늘 나라에서도 아이들에게 떡을 만들어주시겠죠? 우리도 할머니가 해주시던 맛있는 떡이 자꾸만 자꾸만 먹고 싶은데….'

서영이 눈가엔 자신도 모르게 눈물이 맺혔다. 할머니를 잊지 않고 한 시간을 넘도록 걸어서 할머니 산소에 다녀가는 아이들의 사랑이 너무 고마웠다.

아이들이 손을 잡고 종종걸음으로 걸어왔을 먼길을 내려다보는 서영이 눈가로 자꾸만 눈물이 맺혔다.

아빠의 편지

남편의 방으로 들어가기 전, 지혜는 잠시 방문 앞에 멈춰섰다. 그림을 좋아했고 아이처럼 착하게 살다간 남편 영민이 어두컴컴한 방 한가운데 눈을 감고 앉아 있을지도 모른다는 생각이 들었다. 가슴에 안겨 있던 아이가 그녀의 마음을 아는지 뒤척였다. 지혜는 두려운 마음에 떨리는 손으로 방문을 열었다. 아무도 없었다. 어둠만이 지혜에게 달려드는 것 같았다.

지혜는 영민이 사용하던 책상으로 느릿느릿 다가갔다. 의자에 앉아 방안 이곳저곳을 둘러보았다. 화구며 캔버스에 고스란히 남아 있는 영민의 숨결이 느껴졌다. 가슴 아팠다. 아픔의 흔적을 지혜는

한참 동안 바라보았다. 아이의 맑은 눈을 바라보며 영민이 했던 말이 떠올랐다.

'지혜야, 미안해. 너하고 아기만 남겨놓고 나 먼저 떠나가서. 아기가 태어나면 아기한테 미안하다고 말해줘. 그리고 한 가지 부탁이 있는데, 아기 첫돌이 되는 날, 내 책상 첫번째 서랍을 열어봐. 그곳에 노란 봉투가 있을 거야. 그걸 아기에게 선물해 줘.'

지혜는 영민과의 약속을 지키기 위해 서랍열쇠를 꺼내들었다. 열쇠를 꽂는 순간 지혜의 조그만 손이 파르르 떨렸다. 그리고 서랍 속에 가지런히 놓인 커다란 봉투를 꺼냈다.

"아가야, 아빠가 너한테 주는 선물이야. 너의 첫번째 생일날 주라고 하셨거든."

지혜는 터져나오는 눈물을 애써 참았다. 하지만 봉투를 열고 안을 들여다본 순간 더이상 눈물을 참을 수 없었다. 봉투 속엔 남편이 그린 그림이 있었다. 그림 오른쪽엔 얼굴 가득 미소를 머금은 채 남편 영민이 앉아 있었다. 왼쪽엔 지혜가 앉아 있었고, 그들 사이엔 어여쁜 아기가 백일홍처럼 활짝 웃고 있었다. 영민은 아기의 손을 꼭 쥐고 있었다. 그림 속 아기의 얼굴은 영민의 얼굴과 신기할 정도로 닮아 있었다. 봉투 속엔 그림과 함께 예쁜 강아지 인형과 돌반지, 그리고 분홍색 편지 한 통이 들어 있었다.

아가야, 오늘이 네가 세상에 태어나 맞이하는 첫번째 생일이야.. 그래서 아빠는 얼마나 기쁜지 몰라.

그런데 너와 함께 있지 못해서 너무 미안해. 아빠가 곁에 있었으면 동물원도 데
려가고 예쁜 사진도 찍어줬을 텐데. 하지만 아빠는 언제까지나 너의 손을 꼭 잡
고 있을 거야. 네가 눈물을 흘리면 맑은 바람이 되어 너의 눈물을 씻어주고, 네가
삶에 지쳐 쓰러지면 네 등을 쓰다듬는 따스한 바람이 되어줄게.

그리고 너를 보살피는 엄마의 힘겨운 걸음걸음마다 아빠는 늘 함께할 거야. 아가
야, 착하고 건강하게 자라야 돼. 아빠는 별빛으로, 바람으로, 때로는 따스한 햇살
로, 영원히 너와 함께 있을 거야. 아가야, 안녕.

— 하늘나라에서 너를 너무나 사랑하는 아빠가

지혜는 목덜미까지 흘러내린 눈물을 닦았다. 그리고 예쁜 강아
지를 쥐고 있는 아기의 손가락에 아빠가 선물해 준 반지를 끼워주
었다.

"아가야, 아빠가 너에게 선물해 준 거야."

지혜는 아기를 꼬옥 안았다. 먼길을 떠나온 초저녁별 하나가 방
안으로 해쓱한 얼굴을 디밀더니, 얼굴을 맞댄 모녀의 가슴 가득히
영민의 사랑이 쏟아져 내렸다.

"아가야, 슬퍼하지 마. 아빠는 이렇게 우리 곁에 있잖아. 우리가
아빠를 생각할 때마다 아빠는 언제나 우리와 함께 있는 거야. 곁에
있지 않아도 절망하지 않는 게 사랑이래…."

비올라 화분

화원 앞에서, 분홍빛 비올라꽃이 햇볕에 얼굴을 비비고 있었다. 나는 비올라 화분을 사서 교무실로 갔다. 매일매일 물도 주고 햇볕도 쬐어주었다. 가끔씩 보드라운 꽃잎도 어루만져주었다. 그러나 그 꽃은 보름을 버티지 못하고 동그란 얼굴을 숙여버렸다. 빨리 시들어버린 그 꽃이 야속했다.

곰곰이 생각해 보면 비올라꽃이 내 사랑을 배반한 것이 아니었다. 적은 햇볕과 담배연기 가득 찬 교무실로 가져오던 날부터, 어쩌면 그 꽃은 나의 사랑을 받아들일 수 없었는지도 모른다.

3장 ‥ 봄을 기다리는 겨울새

청소부 선생님

한 학생이 교실에서 적지 않은 돈을 잃어버렸다. 모든 학생들이 과학실험실로 이동을 했다가 돌아왔을 때 그런 일이 일어난 걸 알게 되었다. 분명한 건 교실문이 그 동안 잠겨 있었기 때문에 아무도 들어갈 수 없었다는 점이다.

실험실로 출발하기 전에 반장이 마지막으로 교실문을 잠갔다는 말을 전해 듣고, 선생님께서는 수업 후 반 학생들 모두를 남게 했다. 그리고 백지 한 장씩을 나눠주고 이렇게 말했다.

"남의 돈을 훔치는 일은 부끄러운 일입니다. 그런데 그런 잘못을 뉘우치지 못한다면 그것은 더욱더 부끄러운 일이고, 평생 동안 여러

분들을 부끄럽게 할지도 모릅니다. 없어진 돈은 선생님이 대신 채워 놓을 테니까, 여러분 중에 혹시 그 돈을 훔친 사람이 있다면 이 종이에 '다시는 이런 부끄러운 일을 하지 않겠습니다'라고 적으며 진심으로 뉘우치기 바랍니다. 물론 이름은 적지 않아도 좋습니다."

한참 후, 선생님은 다시 걷은 종이를 모두 훑어보더니 조용히 말했다.

"아직은 마음의 준비가 되지 않은 모양입니다. 좀더 기다리겠습니다."

선생님의 표정은 슬퍼 보였다.

"오늘 청소 당번들은 그냥 집으로 돌아가도 좋습니다. 오늘부터 청소는 선생님 혼자 하겠습니다. 그리고 뉘우칠 마음의 준비가 된 사람은 오늘 이후에라도 나를 찾아오든지, 아니면 내 책상 위에 쪽지라도 남겨주기 바랍니다. 분명히 그렇게 해줄 거라고 믿고, 그날까지 선생님은 여러분의 교실을 청소하겠습니다."

선생님은 그날부터 먼지 뿌얀 교실을 혼자 청소하기 시작했다. 돌처럼 무거운 책상과 의자들을 힘겹게 나르는 선생님의 모습을 아이들은 교실 밖에서 안타깝게 바라보았다. 몇 명의 학생들이 선생님의 청소를 도와주려고 했지만 선생님은 웃으며 교실 밖으로 아이들을 내보냈다.

그러한 모습을 줄곧 지켜보던 돈을 훔쳐간 아이는 가슴이 아팠지만 차마 선생님에게 다가설 용기가 나지 않았다. 아이의 아픔이 일주일을 넘기고 열흘을 넘는 동안 선생님의 청소도 계속되었다.

그날도 선생님이 넓은 교실을 혼자서 청소하고 교실 밖을 나가려는 순간, 복도에는 한 아이가 무릎을 꿇고 까칠한 얼굴을 숙인 채 울고 있었다.

"선생님… 잘못했습니다. 진작 말씀 드리고 싶었지만 도저히 용기가 나질 않아…."

선생님은 아이에게 천천히 다가가 아이를 일으켜 세웠다. 그리곤 울고 있는 아이를 말없이 꼭 끌어안아 주었다. 선생님의 얼굴을 타고 눈물 한줄기가 흘러내렸다.

느티나무

정태 씨는 아들 승우의 유치원 문제로 아내와 다퉜다.

"가까운 데 보내면 되지, 초등학교도 아니고 유치원을 차까지 태워 보내려고?"

"집 앞에 있는 그 유치원은 나쁘다고 소문이 났다니까요."

"유치원이 다 거기가 거기지, 뭐 특별한 게 있다고 그래. 그러다 애가 사고라도 당하면 당신이 책임질 거야. 응?"

"당신은 왜 항상 그런 식으로 사람을 윽박질러요?"

"말 한 마디를 안 지는구만. 도대체 누가 윽박질렀다는 거야? 누가?"

정태 씨는 소리를 지르며 방 한쪽에 놓여 있던 아이의 장난감 자동차를 발로 걷어찼다. 그러자 깜짝 놀란 어린 승우가 울음을 터뜨렸다.

"말로 하지, 아이 장난감은 왜 발로 차요? 애가 이런 일로 얼마나 상처받는지 몰라요?"

바로 그때, 한집에 살고 있던 정태 씨 아버지가 방문을 열고 들어왔다. 울고 있던 승우는 더 큰 소리로 울며 할아버지에게 달려갔다.

"할아버지! 엄마, 아빠 또 싸워."

원망 가득한 얼굴로 울고 있지만 승우의 목소리는 또랑또랑했다.

"왜들 그러냐. 웬만하면 다투지들 말아. 어린 것 앞에서 이게 무슨 짓들이야."

"소란 피워서 죄송합니다, 아버님."

"됐다. 이제 그만들 하고 자거라."

아내와의 싸움은 그쳤지만, 정태 씨는 분한 마음에 그날 밤 잠을 이룰 수가 없었다.

아내와 다투고 나서 며칠이 지났다. 아침 식사를 하다 말고 정태 씨 아버지가 말했다.

"별일들 없으면, 이번 일요일엔 같이 고향에 다녀오자."

"친지분 결혼식이 있나요, 아버님?"

"그런 건 아니구. 그냥 한번 다녀올까 해서. 다들 괜찮겠냐?"

"그러세요, 아버님."

일요일 아침, 정태 씨 가족은 서둘러 집을 나섰다. 그리고 세 시간쯤 지나 정태 씨가 태어난 마을 입구에 도착했다. 그곳에는 백 살도 넘은 느티나무 한 그루가 서 있었다. 차가 느티나무 가까이에 이르렀을 때 정태 씨 아버지가 넌지시 말했다.

"저기 저 느티나무 앞에서 차 좀 세우거라. 좀 쉬었다 가는 게 좋겠다."

"할아버지, 저 나무 진짜 크다. 꼭 공룡 같아요."

승우는 조그만 손으로 우스꽝스런 얼굴을 감추며 말했다.

차에서 내린 정태 씨 가족은 나무 아래 서서 어마어마하게 큰 나무를 올려다보았다. 워낙에 오래된 나무라서 그런지 곳곳마다 늘어진 가지를 지탱해 주는 받침목이 세워져 있었다. 군데군데 세월의 상처를 메운 흔적이 있었지만, 푸른 잎새를 가득 달고 바람에 흔들리는 모습이 여간 믿음직스러운 게 아니었다. 큰 느티나무 옆에는 어린 나무 한 그루가 자라고 있었다. 큰 나무에서 잎새 하나가 떨어지자, 작은 나무에서도 어린 잎새 하나가 나풀나풀 땅 위로 내려앉았다.

"아범아, 이게 무슨 나문지 아니?"

정태 씨 아버지는 어린 나무를 손으로 가리키며 정태 씨에게 물었다.

"이 나무도 느티나무 같은데요."

"그래 맞다. 이것도 느티나무야. 그런데 어떠냐. 그 옆에 있는 큰 느티나무를 많이 닮았지?"

"네, 그러고 보니까 좀 닮은 거 같네요."

"두 나무를 가만히 보거라. 아주 신기할 만큼 그 모습이 닮아 있을 테니까."

"그러네요. 가지를 뻗은 모습이 많이 닮았어요. 엄마 나무하고 똑같이 오른쪽 가지를 치켜들고 있네요."

"너도 알고 있겠지만 오래 전, 마을 어른이 이 큰 나무에서 씨를 받아다가 얻은 놈이 바로 이 작은 나무라는구나."

"네, 저도 들은 기억이 나네요. 그런데 왜 이렇게 가까이에다 심어놨을까요? 큰 나무에 가려서 햇볕도 제대로 못 받을 텐데."

"가까이에 서서 제 부모 모습을 닮으라는 거겠지. 백 년이 훨씬 넘도록 비바람과 싸우면서도 저렇게 꿋꿋하게 서 있는 모습이 얼마나 듬직하고 믿음직스럽냐? 말을 주고받진 못하겠지만 기품 있게 흔들리는 제 부모 모습을 바라보면서, 어린 나무가 얼마나 많은 걸 배우겠니?"

팔랑팔랑 춤을 추는 느티나무 잎새들 위로 맑은 햇살이 아롱져 있었다. 작은 새들도 두 나무 사이를 포르르 날아다니며 노래하고 있었다. 정태 씨 아버지는 나무 아래 우두커니 앉아 있는 어린 손자의 머리를 쓰다듬어 주고 있었다.

정태 씨는 비로소 아버지가 자신을 그곳에 데려온 이유를 알 것
같았다.

사람들은 세월을 닮아간다. 자신도 모르는 사이에 그
가 살아온 세월을 닮아간다.

지하철 안에서

　지하철에서 어떤 학생이 책을 읽고 있었다. 바로 그 앞에 백발의 노부부가 서 있었다. 꾸부정한 모습으로 할아버지와 할머니는 손을 꼭 맞잡고 있었다.

　서둘러 달려온 세상의 끝에 서서 그들은 느릿느릿 말을 주고받았다.

　골 깊은 주름살과 눈가의 잔주름이 많았다. 팔뚝에는 힘없이 흐르는 핏줄이 보였다.

　학생은 노부부를 흘끗 바라보았다. 그리고 아무렇지도 않은 듯 다시 열심히 책을 읽었다. 그는 올빼미처럼 양미간을 찌푸리며 뚫어져라 책을 바라보고 있었다. 날카로운 그의 눈빛에, 책이 구멍날 것만 같았다.

　바로 그때, 출입문에 몸을 기댄 뚱뚱한 아주머니가 혀를 차며 말했다.

　"책은 읽어서 뭐해. 어른도 공경 못하면서, 쯧쯧."

봄을 기다리는 겨울새

홍욱이는 뇌성마비로 심한 언어장애뿐만 아니라 보통 사람들처럼 손을 자유로이 사용할 수도 없었다. 어두운 앞날을 비춰줄 희망이 더 이상 없었던 홍욱이는 집안 형편이 어려워 불편한 몸으로 남보다 일찍 사회에 뛰어들었다.

홍욱이는 온종일 단추에 구멍을 내는 기계 앞에서 씨름하고도 고작 십오만 원의 월급을 받았다. 홍욱이가 그곳에서 힘들게 일을 하면서 가장 절실하게 하고 싶었던 것은 바로 대학진학이었다.

온종일 기계 소리에 묻혀, 자기 스스로를 불구로 인정할 수밖에 없는 아픈 현실에서 벗어나고 싶었다. 그래서 그는 2년 동안 조금씩 모아둔 풀꽃 같은 돈으로 노량진에 있는 검정고시 학원에 등록했다.

부끄럽지 않게 세상을 바라보기 위해서, 그리고 불구인 자신 때문에 이날 입때껏 봉제공장에 다니시는 어머니를 위해서, 그는 온 힘을 다해서 공부했다. 뒤늦게 시작한 공부라 어려움은 많았지만 무사히 검정고시 고등과정에 합격할 수 있었다. 지금까지의 수많은 어려움을 딛고 마지막 한 번 크게 일어서야 할 때가 되었다. 그런 그를 애정으로 지켜보던 선생님이 있었다. 어느 날 선생님은 홍욱이를 불러 다음과 같이 말했다.

"홍욱아, 이제 우리 한 달에 한 번씩만 만나자. 시간을 좀더 아껴야 하니까. 마음이 많이 흔들릴 때는 나에게 오는 게 오히려 시간을 아끼는 일이 될지도 몰라. 공부하다가 배고프면 언제라도 달려와라."

홍욱이는 선생님의 그 말에 용기를 얻어 열심히 공부했지만 현실의 벽은 높기만 했다. 홍욱이는 대학입시 때문에 세 번씩이나 아픔을 더해야 했다. 홍욱이가 선생님을 다시 찾아온 것은 그로부터 몇 개월이 흐른 뒤였다.

"선생님, 저 일산 직업전문학교에 들어갔어요. 장애인들만 입학할 수 있는데, 일 년 과정이고 학비는 물론 기숙사 생활비까지 전액 국비로 지원되는 곳이에요. 국가기술 자격시험을 봐야 하고 졸업과 동시에 취업까지 시켜준대요."

새로운 시작을 준비하는 홍욱이를 위해서 두 사람은 더없는 기

뿜으로 저녁 식사를 했다.

식사가 끝나갈 무렵 홍욱이는 선생님에게 메달 하나를 살며시 내밀었다.

"지난주에 뇌성마비 협회에서 주최하는 체육대회를 했는데, 축구선수로 나가 우리 팀이 삼 등을 해서 동메달을 받았어요. 태어나서 처음으로 받아보는 상이라서 선생님께 드리려구요. 그리고 그날 삼 등을 했다고 선생님들이 우리 팀에게 돼지갈비를 사주셔서 밥도 안 먹고 고기로 배를 채웠어요."

메달을 받아들던 선생님의 눈에는 눈물이 가득 맺혀 있었다.

홍욱이는 엄한 규율 속에서도 빈틈없이 진행되는 학교생활을 잘 견뎌 나갔다. 그리고 마침내 국가에서 시행하는 '기계제도기능사 2급 자격증'을 취득했다.

자격증을 취득한 홍욱이는 경기도 파주에 있는 '한일사'라는 인쇄기계를 만드는 업체에서 설계 파트를 맡아 열심히 일했다. 퇴근시간은 6시인데 손이 불편해 다른 사람들보다 캐드(CAD)하는 속도가 느려 9시나 10시까지 작업을 해야 겨우 하루 일과를 끝마칠 수가 있었다.

홍욱이는 아무리 피곤해도 새벽마다 일어나 한 시간 정도 큰 소리로 책을 읽었다. 오랫동안 노력해도 좀처럼 나아지지 않는 발음에 대한 작은 희망 때문에….

하루는 홍욱이가 예쁘게 포장된 선물을 들고 선생님을 찾아갔다. 그날은 홍욱이의 첫월급날이었다.

선생님이 홍욱이에게 물었다.

"홍욱아, 살아오면서 가장 가슴 아팠던 일이 뭐였니?"

"초등학교 다닐 때 '바보'라고 놀리며 때리고 도망갔던 아이들도 잊을 수 없구요, 처음에는 각별한 정을 주다가 점점 멀어져가는 사람들도 마음을 아프게 해요. 그리고 나도 모르게 누군가를 좋아해서 속마음을 보이고 나면 나를 피해 버려요. 죄인처럼 멀리서조차 바라볼 수 없는 사람이 된다는 게 너무 가슴 아파요."

남들은 세 번씩이나 대학 시험에 실패하면 다들 포기할 텐데, 왜 자기는 공부에 대한 미련을 버릴 수 없는지 모르겠다고 홍욱이는 말했다.

그 말을 들은 선생님은 언젠가 학원 매점에서 보았던 홍욱이의 모습이 떠올랐다.

그때 홍욱이는 테이블 한쪽에 앉아 컵라면을 먹고 있었다. 심하게 떨리는 손 때문에 라면 국물이 사방으로 튀었다. 그때 비어 있는 테이블이 없어 여학생 두 명이 뜨거운 컵라면을 들고 홍욱이 옆에 서서 망설이고 있었다. 그 여학생들은 라면을 먹기 위해 힘겹게 일그러진 홍욱이의 얼굴이 무섭기만 했다.

그것을 눈치챈 홍욱이는 입가에 미소를 지으며 자리에서 벌떡 일어났다. 그리고 매점 한쪽 구석에 서서 얼마 남지 않은 라면을 마저 먹었다.

'홍욱아, 너는 비록 몸이 성치 않지만 성한 몸으로도 흔들리는
내게 맑은 하늘 같은 삶과 사랑을 가르쳐주었단다.'

오랜만에 만난 선생님과 홍욱이의 이야기는 밤늦도록 끊일 줄
몰랐다. 아픔을 담담하게 노래하는 홍욱이의 모습이 봄날의 냉이꽃
처럼 아름답다고 선생님은 생각했다.

가시나무

준호네 집은 들판이 내려다보이는 산자락에 있었다. 앞마당의 병아리들은 삐죽삐죽 노란 입을 내밀며 명아주 풀잎을 뜯었고, 어미 닭은 맨드라미 같은 붉은 모자를 쓰고 새끼 병아리들을 몰고 다녔다. 닭모이를 뿌려주면 참새들이 더 먼저 포로롱 날아와 모이를 쪼아댔다. 그러면 어린 준호는 한 걸음에 달려가 참새들을 쫓아버렸다.

"저리가, 이 얄미운 참새들아."

할아버지, 할머니와 함께 사는 준호네 식구는 일곱 명이었다. 준호 아버지는 읍내에 있는 농촌진흥청에 다녔고 막내삼촌은 집에서 두 시간 거리에 있는 대학엘 다녔다. 그런데 준호네 집엔 골칫거리가 하나 있었다. 큰삼촌 때문이었다. 삼촌은 매일 술만 마시고 밤 늦게 집에 들어왔다. 어떤 날은 얼굴이 피투성이가 되어 들어온 적도 있었다. 삼촌은 늘 말이 없었다. 준호 할아버지는 사고뭉치인 삼촌 때문에 자주 화를 냈지만, 이제는 아예 화도 내지 않았다. 하지만 삼촌은 준호에겐 늘 따뜻하게 대해 주었다. 레슬링을 하며 놀아준 것도 바로 큰삼촌이었다.

"준호야, 오늘 삼촌이 뭐 사다 줄까?"

"장난감총 사줘, 삼촌. 기다란 총 있잖아."

"알았어. 사다 줄게"

"근데 삼촌 오늘 또 늦게 들어올 거잖아."

"걱정하지 마, 임마. 오늘은 일찍 들어올 테니까."

하루는 삼촌 때문에 집안이 온통 난리가 났다. 그날은 하루종일 비가 내렸다. 이른 아침부터 건장한 사내들이 집으로 쳐들어와 삼촌 손에 수갑을 채우고 끌고 가버렸다. 할머니는 내리는 비를 바라보며 온종일 눈물만 흘렸다. 준호는 삼촌과 싸운 사람이 아주 많이 다쳤다는 말을 동네 어른들을 통해 들었다. 삼촌은 고등학교에 다닐 때도 종종 그런 일이 있었다. 그때마다 삼촌은 할아버지에게 죽도록 매를 맞았다.

준호 할머니는 큰삼촌을 가장 좋아했다. 어린 준호는 그런 할머니를 도무지 이해할 수가 없었다. 준호는 자신이 할머니라면 대학에

다니는 착한 막내삼촌을 더 좋아했을 거라고 생각했다.

"할머니는 큰삼촌이 제일 좋아?"

"왜 큰삼촌만 예쁘겠어. 다 예쁘지. 준호 아빠도 예쁘고, 막내삼촌도 예쁘고…."

"큰삼촌은 매일 말썽만 부리잖아. 그런데도 할머니는 큰삼촌을 제일로 좋아하는 것 같아."

"이 할미 속 많이 태웠지. 하지만 속 썩으면서도 정이 드는 게 자식인 거야."

할머니는 긴 한숨으로 아픔을 뱉어내고 있었다. 준호는 할머니의 말을 다 이해할 수 없었다. 하지만 할머니의 아픈 마음만은 알 것 같았다.

저녁 하늘이 붉은 물감을 뿌려놓은 것 같았다. 형사에게 잡혀간 삼촌은 여러 날이 지나서야 집으로 돌아왔다. 그날 이후로 삼촌은 더 말이 없었다. 삼촌은 누에고치처럼 조그만 방에 들어앉아 좀처럼 바깥출입을 하지 않았다. 그리고 준호를 예전처럼 대해 주지도 않았다. 준호는 이따금 그런 삼촌이 무섭다는 생각이 들기도 했다.

그러던 어느 날, 준호네 집에 엄청난 일이 일어났다. 준호의 집에 불이 나고 만 것이다. 불은 삽시간에 번졌고 아픈 몸으로 안방에 누워 있던 준호 할머니는 미처 집밖으로 나오지 못했다. 사람들이 불난 것을 발견했을 때는 안방까지 이미 불이 번진 후였다. 뒤늦게 도착한 준호 아빠가 불 속으로 뛰어들려 했지만 준호 엄마가 온몸으로 매달리며 애원했다.

"들어가면 안 돼요, 여보! 집이 온통 불로 덮였잖아요."

"이러지 말라구. 더 지체하면 어머닌 돌아가셔!"

마을 사람들은 이성을 잃은 준호 아빠의 몸을 완강히 붙잡았다. 준호도 울면서 아빠 손에 매달렸고, 대학 다니는 막내삼촌은 그 옆에 서서 발만 동동 굴렀다. 준호 아빠는 큰 소리로 발버둥쳤지만 마을 사람들은 끝끝내 그를 놓아주지 않았다.

바로 그때였다. 숨을 헐떡이며 집으로 달려온 큰삼촌은 수돗가로 달려가 통에 담긴 물을 온몸에 퍼부었다. 건장한 마을청년 두 명이 삼촌의 팔을 잡았다.

"놔! 이거 놔! 우리 엄마 죽는단 말야!"

삼촌은 참깨를 털어내듯 단번에 그들을 쓰러뜨리고 불 속으로 뛰어들었다. 연기 사이로 얼굴을 감추고 있던 음흉한 불길은 삼촌을 잡아먹을 듯 붉은 손을 내밀었다. 안방으로 들어간 삼촌은 좀처럼 나오지 않았다.

잠시 후 삼촌의 외마디 비명 소리와 함께 지붕 일부가 주저앉아 버렸다. 그 순간 시커먼 연기가 불기둥과 함께 하늘로 치솟았다. 아빠도, 막내삼촌도 더 이상은 들어갈 엄두를 내지 못했다. 그때 요란한 사이렌 소리를 울리며 소방차와 119구조대가 도착했다. 소방대원들은 아주 신속한 동작으로 불길을 잡기 시작했다. 그리고 들것을 들고 집 안으로 들어갔다. 들것에 실려나온 할머니와 삼촌은 급히 병원으로 옮겨졌다.

다행히도 할머니와 삼촌은 무사했다. 하지만 삼촌은 그날 사고로 등과 다리에 심한 화상을 입었다. 구조대원이 안방으로 들어갔을 때, 삼촌은 온몸으로 할머니를 감싸안고 있었다고 했다. 물에 젖은 옷을 벗어 할머니 얼굴에 덮어준 채로.

삼촌이 아니었다면 할머니는 돌아가셨을 거라고 어른들은 말했다. 준호는 속만 썩이는 큰삼촌을 할머니가 왜 그토록 사랑하셨는지 알 수 있었다.

사고가 있던 날 저녁, 많은 사람들이 문병을 다녀갔다. 준호는 그날 병실 밖에서 엄마, 아빠가 주고받는 얘기를 들었다.

"삼촌 아니었으면 어쩔 뻔했어요?"

"그러게나 말야."

준호 아빠는 아픈 마음을 담배 연기로 달래고 있었다.

"구조대가 방안으로 들어갔을 때, 어머님 손과 삼촌 손이 옷으로 꽁꽁 묶여 있었다면서요?"

"그랬나 봐. 어떤 일이 있어도 어머니 곁을 떠나지 않으려고 그랬겠지. 그렇게 해서라도 자기 본능을 꽁꽁 묶어놓고 싶어서 말야."

고개 숙인 아빠의 두 눈엔 눈물이 가득 고여 있었다. 준호는 앞마당에 앉아 여전히 푸른 탱자나무를 바라보았다. 가지마다 매달린 노란 탱자열매가 별빛에 얼굴을 내밀고 있었다. '바늘처럼 뾰족한

가시들 속에서 어쩌면 저렇게 예쁜 탱자가 열렸을까' 하고 준호는
생각했다. 불현듯 병원에 누워 있는 삼촌 얼굴이 생각났다. 삼촌의
뾰족한 모습 속에 담겨 있는 착한 마음을 생각하며 준호의 입가엔
어느새 예쁜 꽃이 피어나고 있었다.

아무리 힘겨워도, 사랑은 사랑으로 다시 태어난다.

결혼식 손님

결혼식 손님

산동네에 어둠이 내리면 유난히 개 짖는 소리가 크게 들렸다. 들꽃처럼 모여 앉은 창가에 하나둘 불이 켜지면 지붕을 쓰다듬으며 내려온 달빛은 앞마당 수돗가에서 얼굴을 씻었다. 정섭 씨 집에 친구가 찾아온 것은 밤늦은 시간이었다.

"자네도 알다시피 내 딸애가 다음 달에 결혼하잖아. 어렵겠지만 돈 좀 빌려줄 수 있겠나?"

"이걸 어쩌지. 내 형편 어렵다는 거 자네도 잘 알잖아. 정말 미안하네."

정섭 씨와 같은 산동네에 살고 있는 친구는 쓸쓸한 얼굴로 집을

나섰다. 정섭 씨는 몇 해 전부터 그 친구와 함께 조그만 보수공사 일을 해왔다. 그런데 자재업자로부터 많은 돈을 사기당하고 결국 지난달 가게문을 닫아야 했다.

정섭 씨와 동업을 했던 그 친구는 모든 것을 잃고 산동네마저 떠나야 했다. 하지만 친구 모르게 업자들과 뒷거래를 했던 정섭 씨 사정은 달랐다. 그날 이후로 두 사람은 연락이 끊어졌다. 다시 두 해가 지나갔다. 그 사이 정섭 씨는 동네 입구에 허름한 구멍가게를 차렸다. 그리고 큰딸 결혼식을 올렸다.

딸의 결혼식이 있고 며칠 후, 정섭 씨는 허전함을 달래려고 결혼식 비디오를 보았다. 그런데 신랑 신부가 퇴장하는 장면에서 정섭 씨는 소스라치게 놀랐다. 하객들 중에 낯익은 얼굴 하나가 있었다. 두 해 전, 그의 곁을 떠나간 친구가 초라한 차림으로 식장 뒤쪽에 서 있었다. 까칠한 친구의 얼굴은 아픔이 되어 정섭 씨 마음속으로 박혀왔다. 그날 저녁, 여기저기 전화를 걸어서 그 친구의 거처를 수소문했지만, 그가 손수레로 과일 행상을 하며 어렵게 살고 있다는 소식만 전해 들었다.

다음 날, 해질 무렵부터 굵은 눈발이 날리기 시작했다. 정섭 씨가 고갯길을 오르는데, 손수레를 끌고 앞서 걸어가는 노인이 있었다. 정섭 씨는 화장지가 가득 실려 있는 손수레 뒤쪽으로 다가가 밀기 시작했다.

"날이 추워져서 장사하기 힘드시죠?"

"우리 같은 사람들이야 그저 춥지 않은 게 제일이지요. 그래도 나는 돌아다니니까 낫지요. 하루종일 좌판에서 장사하는 사람들이 고생이지요."

"댁이 근처세요?"

"네. 저 고개 바로 너머에요."

"매일 이 길을 오르시려면 많이 힘드실 텐데."

"아파서 집에 누워 있는 할멈이 불쌍하지, 나야 리어카 끄는 건 이골난 걸요. 내 몸뚱이라도 성해 이렇게 할멈 약값이라도 벌 수 있으니 감사하지요."

"네…."

하얗게 입김을 뿜으며 걸어가는 노인의 뒷모습을 보며 정섭 씨는 어딘가에서 손수레로 과일 행상을 하고 있을 친구가 생각났다. 그리고 며칠 전 아내가 했던 말이 생각났다. 딸의 결혼식이 있던 날 밤, 정섭 씨 아내는 축의금 명부를 보며 이렇게 말했다.

"이 분은 누굴까요? 축의금으로 만 원짜리 한 장에 천 원짜리 석 장을 넣으신 걸 보면, 귀한 돈을 주신 것 같은데…. 축의금이 적다면서 사과 한 상자도 놓고 가셨대요. 당신 친구라고 하면서요."

고개를 숙인 채 손수레를 밀고 있는 정섭 씨 눈가엔 어느새 눈물이 고였다. 따스한 눈송이가 살며시 그의 어깨 위로 내려앉았다.

가난한 밤의 행복

정태는 밤 열두 시가 넘어서야 동네에 들어섰다. 하루종일 공사판에서 흙과 먼지를 뒤집어써 땀내와 함께 절은 점퍼 주머니에 손을 꽂고 비틀거리며 걷던 정태는 아내가 과일 가게 앞에 서 있는 것을 보았다. 아내는 빨갛게 살오른 딸기를 물끄러미 바라보다가 어둠 속에서 남편을 발견하고는 달려와 팔짱을 끼었다.

"왜 이렇게 많이 마셨어. 가누지도 못하면서…."

"내가 술 마신 게 불만이야? 그럼 술 안 마시고 돈 많이 벌어다 주는 놈하고 살면 될 거 아니야!"

"조용히 좀 해. 동네 사람 다 들어."

"들으라지, 들으라고 해! 너도 정신차려. 나 같은 놈하고 평생 살 아봐야…"

"자, 얼른 들어가기나 해."

"어, 대답을 안 하는 건 그렇다는 거지? 그래 다 필요 없어."

정태는 잠자리에 들면서도 계속 마음에 없는 소리를 했다. 두 사 람이 서울 변두리 월세방으로 옮겨온 건 두 달 전이었다. 내의 공장 에서 함께 일을 하다 만난 두 사람은 피차 부모님을 일찍 여의고 객 지에 나와 어렵고 외로운 처지라는 공통점 때문에 가까워졌고, 일 년 전에 결혼을 했다. 많이 배우지 못했고 특별한 기술도 없었지만 알뜰한 미영과 성실한 정태는 참 잘 어울리는 한쌍이었다.

그런데 그들이 일하던 내의 공장이 더운 날씨 탓에 수요가 사라 지면서 급기야 문을 닫게 되었다.

"당장 먹고 살아야 하는데… 일단 방 줄여서 나가보자. 살 길이 있겠지."

"여보, 너무 걱정하지 말자. 우린 아직 젊은데 뭐."

"우리 애는 고생시키면 안 되는데…"

아직 이 개월 밖에 안 된 미영의 배를 쓰다듬는 정태의 마음은 납덩이처럼 무거웠다.

이사를 하고도 한 달은 일이 없어 방에만 있었다. 벽을 보고 돌 아누워 하루종일 뒹구는 정태를 보는 미영의 마음도 무겁기는 마찬 가지였다. 그러다 얼마 전, 공사 일이 생겨 한 달째 일을 하고 있던 중이었다.

미영도 가만히 앉아 있을 수는 없어 여기저기 일을 알아보다 봉제 인형 마무리하는 일을 맡게 되었다. 하루종일 눈이 시리도록 붙들고 있어도 만 원도 채 안 되는 수입이었지만 미영은 감사했다.

그런데 정태는 사정이 좀 달랐다. 사실 정태는 어제 어둑한 새벽녘에 공사장에 갔다가, 막막한 이야기를 들었다.

"어이, 이제 일은 일주일이면 끝날 것 같아. 내 말 무슨 말인지 알아?"

하루하루 언제 그만둘지 몰라 조마조마했는데 그 일마저 이제 끝이 보이니 답답한 마음을 술로 달래지 않으면 제정신으로 집으로 들어가기가 힘들었다.

남편을 눕혀놓고 돌아앉아 토끼 인형에 눈을 붙이는 미영에게 정태는 아직도 풀리지 않은 목소리로 중얼거렸다.

"이제 이 일도 끝이야. 날 뭘 믿고 사니? 나 같은 놈을 뭘 믿고…."

"그러지 마, 여보. 우리 애기가 들어. 당신은 진짜 행복이 뭔지 알아요? 어느 소설 중에 가난한 부부가 서로 선물을 하고 싶은데 돈이 없어서 남편은 시계를 팔아 아내의 머리핀을 사고, 아내는 머리를 잘라 남편의 시곗줄을 샀다는 얘기… 난 그 얘기 생각할 때마다 눈물이 나. 가난한 건 좀 불편한 거지 불행한 게 아니야. 왜 그걸 몰라."

미영은 철없이 방황하는 정태가 야속하고 가엾다는 생각에 왈칵 눈물이 고였다. 슬며시 고개를 돌린 정태는 아내의 뒷모습이 그렇게 애처로울 수 없었다. 두 사람의 마음을 아는지 모르는지 어느덧 창문으로 새벽이 밝아오고 있었다.

그날 이후 며칠 동안 정태는 술을 마시지 않았다. 정태는 벽돌을 나르면서도 며칠 전 아내가 훌쩍이며 했던 이야기가 자꾸 떠올랐다. 해가 떨어지자 공사장의 일꾼들도 마무리 준비를 했다. 수건으로 땀을 닦고 먼지를 턴 정태는 서둘러 시장으로 갔다.

정태는 유아용품 가게에 들러 아기 목욕통과 아기 신발을 샀다. 그리고 좌판 할머니에게로 가 딸기 한 근을 샀다.

"어머, 예뻐라… 어디서 이렇게 예쁜 신발을 사왔어? 아기 목욕통까지…."

"정말 예뻐?"

"응…."

어색한 얼굴로 빙긋이 웃고 있는 정태의 손을 잡으며 미영은 행복했다.

"이건 당신 주려고 사왔어. 당신 이거 먹고 싶었지?"

"어머, 딸기잖아? 내가 아니라 이 녀석이…."

불룩해진 배와 딸기를 번갈아 보는 두 사람은 배시시 웃음이 나왔다. 까만 봉투 안에 들어있는 딸기 한 근으로 아내를 향한 사랑과 고마움을 다 전할 순 없지만 그 마음을 누구보다도 잘 알고 행복해 하는 미영과 정태의 등뒤로 저녁 노을이 딸기보다 붉게 물들어 가 고 있었다.

하지만 미영은 몰랐다.

아기 목욕통과, 신발, 그리고 딸기 한 근을 사기 위해서 정태가 몇 번이나 점심을 걸러야 했는지를…. 그리고 집에서 공사장까지 한 시간이 넘는 거리를 매일마다 힘겹게 걸으며 차비까지 아껴야 했던 것을….

봄길 자전거

상훈이가 정수를 처음 본 것은 가을비 내리던 날 친구의 하숙집에서였다. 빗소리에 섞여 들려오는 목소리에 이끌려 활짝 열린 그의 방을 보게 되었다. 방문 앞에는 걷기 불편한 사람들이 다리에 착용하는 쇠로 된 보조기와 목발이 놓여 있었다.

정수가 아무런 거부감 없이 편안하게 상훈이의 등에 업힐 즈음 그는 한 여학생을 사랑하게 되었다. 그가 그녀에게 사랑을 고백하러 버스를 타고 시내의 약속장소로 나가던 날, 상훈이도 함께 갔다.

그를 약속장소에 데려다주고 나오며 상훈의 마음은 왠지 무거웠다. 이루지 못할 것 같은 사랑에 대한 절망감과 그가 받을 상처를

ⓒ이철환

생각하며 어둠이 내린 거리를 걸었다. 그러나 다행스럽게도, 그녀는 그해 겨울 내내 정수의 하숙방도 청소해 주고 심지어 빨래까지 해 주었다. 그렇지만 예상했던 대로, 동정으로 시작된 관계가 끝내 사랑으로 뿌리내리지는 못했다. 감당할 수 없는 아픔만을 남긴 채 이른 봄 그녀는 정수의 곁을 떠나갔다.

그날 이후 정수의 방문은 굳게 닫혀 있고 목발도 보조기도 문 앞에 없었다. 그러나 상훈은 그가 방에서 혼자 술을 마시고 있다는 것을 느낌으로 알 수 있었다. 상훈이 몇 번 노크를 했지만 정수는 끝내 문을 열어주지 않았다.

햇살 고운 어느 봄날 정수는 눈가에 깊은 그늘을 하나 더 만든 채 해바라기처럼 방문을 열었다. 상훈은 아무 말 없이 정수 옆에 앉아 아지랑이와 뒹굴며 놀고 있는 강아지를 한참 동안 바라보았다. 그러다가 하숙집 마당 한쪽에 놓여 있는 자전거가 상훈의 눈에 들어왔다.

"정수야, 너 자전거 타본 적 있니?"

"아니, 한번도 타본 적 없어."

앉아서도 중심을 잘 잡지 못하는 정수가 자전거 뒤에도 타본 적이 없다고 말하는 것은 차라리 당연했다.

상훈은 아무 생각 없이 누구의 것인지도 모르는 자전거를 대문 밖으로 끌어냈다. 간신히 정수를 뒤에 앉혔지만 힘겹고 불안해 보였다. 그들은 따스한 바람을 맞으며 봄길을 달려가기 시작했다.

"정수야, 자전거를 처음 타본 기분이 어때?"

"신나기도 하고 무섭기도 해."

정수는 그렇게 말하며 상훈의 허리를 더욱 힘껏 끌어안았다. 그렇게 한참을 달렸다. 잠시 후 무서운 속도로 그들을 향해 달려오는 트럭을 피하려다 두 사람은 차도 한쪽으로 사정없이 나동그라졌다.

트럭은 빠른 속도로 그들 곁을 스쳐 지나갔다. 심한 충격을 받은 상훈이는 온몸이 굳은 것처럼 조금도 움직일 수 없었다. 그런 그에게 정수는 힘겹게 기어와 손을 잡아주었다. 상훈의 찢어진 바지 사이로 피가 번져 나왔다.

상훈이도 피가 흐르는 정수의 손을 꼭 잡아주었다. 서로의 얼굴을 바라보는 그들의 얼굴에는 슬픔을 넘어선 아름다움이 피어나고 있다.

우리들 깊은 곳엔 아이가 살고 있다

여섯 살 슬이는 아빠와 함께 마당 한쪽에 앉아 있었다. 죽은 토끼를 안고 슬이는 목덜미까지 눈물을 흘렸다. 아빠는 삽으로 꽁꽁 얼어붙은 겨울 땅의 가슴을 풀어헤쳐 놓았다. 그리고 슬이 옆에 앉았다.

"슬아, 이제 그만 토실이 보내줘야지."

"안 돼! 아빠. 토실이 여기 누우면 너무 춥잖아."

슬이는 단풍잎같이 조그만 손으로 토실이가 누울 차가운 땅을 어루만졌다. 슬이의 눈물 방울이 토실이의 동그란 얼굴 위로 방울져 내렸다. 아빠는 방으로 들어가 토실이에게 덮어줄 따스한 스웨터를 가져왔다.

"이걸로 덮어주면 춥지 않을거야. 토실이는 자기 엄마한테 가는 거니까. 너무 슬퍼하지 마, 슬아."

"아빠, 안 돼! 토실이 땅에 묻지 마!"

"이제 그만 해, 슬아. 날도 추운데 감기 들면 어쩌려구. 토실이 어서 아빠 줘."

"안 돼, 아빠. 토실이 안 줄 거야!"

슬이는 토실이를 가슴에 꼬옥 끌어안고 조그만 몸을 움츠렸다.

"슬아! 아빠가 내일 토끼 사다 줄게. 어서 토실이 내려 놔, 어서."

아빠는 토끼를 달라고 슬이를 향해 두 손을 내밀었다. 붉은 눈을 깜빡이던 슬이 눈에서 또 다시 눈물방울이 떨어졌다.

"아빠, 이거 봐. 토실이 아직 눈을 뜨고 있는데 어떻게 땅에 묻어."

슬이가 아빠에게 보여준 토실이는 가늘게 눈을 뜬 채로 숨겨 있었다. 시냇물 속에 누워 있는 조약돌처럼 토실이의 눈이 반짝거렸다.

"그래서 그랬구나. 우리 슬이가 그래서 그랬구나."

아빠는 울고 있는 슬이를 안아주었다. 바로 그때, 따사로운 햇볕이 다가와 입김을 호호 불며 토실이가 누울 땅을 어루만지고 있었다.

우리들 깊은 곳엔 아이가 살고 있다. 우리도 알지 못하는 착한 아이가 살고 있다.

눈사태

　은규 씨와 덕기 씨는 장백산 산악회 회원이었다. 그들은 산악회 동계훈련 장소를 찾기 위해 선발대로 설악산에 도착했다. 앞이 안 보일 정도로 내리는 폭설 속에서 그들이 캠프를 치고 있을 때, 한 젊은이가 겁에 질린 얼굴로 그들을 향해 뛰어왔다.

　"사람 좀 살려주세요! 지금 토왕성 폭포에서 빙벽훈련을 하다가 눈사태로 일행 두 명이 눈 속에 파묻혔어요."

　잔뜩 겁에 질린 젊은이의 얼굴은 사태의 긴박성을 말해 주고도 남았다. 날은 이미 어두워졌고, 굵은 눈발은 여전히 쏟아지고 있었다. 하지만 두 사람은 조금도 주저하지 않고 구조장비부터 챙겼다.

최악의 기상조건 속에서 매몰된 사람들을 구조해 내기란 거의 불가능한 일이었다. 그런데 그 순간 은규 씨는 집에 있는 한 살 된 아들과 아내 얼굴이 떠올랐다.

"집사람한테 전화라도 하고 가야겠어."

두 사람의 얼굴엔 최악의 사태를 각오한 듯 비장한 빛이 감돌았다. 그들은 핸드폰으로 가족들에게 전화를 했다. 어쩌면 그것이 사랑하는 이들의 목소리를 들을 수 있는 마지막이 될지도 모른다고 생각했다.

"여기 설악산인데요, 지금 눈사태로 대학생들이 매몰됐어요. 지금 그들을 구조하러 갑니다."

그들은 어둠 속 눈보라를 헤치고 토왕성 빙벽 쪽으로 다가갔다. 그리고 눈보라 속에서 구조를 위한 사투를 벌인 지 세 시간이 지날 무렵, 또 다시 거대한 눈덩이가 폭포 아래로 굴러떨어져 그들을 덮쳤다.

속초소방서 구조대가 현장으로 출동했다. 하지만 1미터가 넘게 쌓인 눈 때문에 더 이상 그들에게 접근할 수 없었다. 수백 명의 구조대가 토왕골에 도착한 것은 그로부터 며칠이 지난 후였다.

구조대원들은 생존자가 있을 거라는 희망을 가지고 눈 속을 파헤쳤다. 하지만 용기 있는 젊은이들은 싸늘한 시신이 되어 하나 둘 발견되었다. 은규 씨와 덕기 씨도 눈을 감은 채 그들 곁에 누워 깊은 숨을 내려놓고 말았다. 꿈보다 더 먼저 눈을 감아버린 그들을 향해 산은 아무런 말이 없었다. 햇살은 흰눈 위로 한없는 슬픔을 쏟아 내고 있었다. 그리고 겨울산에 일어선 바람 한 줄기가 토왕골을 빠져나가지 못하고 서럽게 서럽게 메아리치며 말했다.

'여기 설악산인데요. 지금 눈사태로 대학생들이 매몰됐어요. 지금 그들을 구조하러 갑니다.'

떠나간 그들은 힘겨워도 새파랗게 새파랗게 견뎌야 한다고, 그래서 우울한 세상에 작은 빛이라도 되어야 한다고 말했다.

그들은 떠났지만 여전히 우리 곁에 남아 있다. 그들의 고귀한 사랑은 바람 한 줄기, 햇살 한 줌으로 영원히 우리 곁에 있을 것이다.

너를 기다리는 동안

재원은 피로에 지친 모습으로 교내 식당에서 점심을 먹고 있었다. 재원 앞에 앉아서 주머니 속 봉투를 만지작거리던 혜선은 용기를 내서 말했다.

"아르바이트해서 번 거니까, 이 돈 오빠가 쓰면 안 될까?"

"그럴 순 없어. 너도 지금 어렵잖아."

어렵사리 꺼낸 혜선의 말에 재원은 잘라 말했다. 재원은 등록금을 마련하고 어려운 집안의 생계까지 책임져야 했다. 그래서 학교 수업을 마치면 중학생 과외를 했고, 10시부터 자정 넘어서까지 편의점에서 일을 했다.

일요일마다 두 사람은 같은 교회에서 예배를 드렸다. 혜선은 언제나 재원의 팔을 끌고 허름한 분식집을 찾았다. 미안해 하는 재원에게 혜선은 떡볶이, 순대가 세상에서 제일 맛있다고 했다. 그리고 책을 사러 서점에 갔다.

서점에서 나온 두 사람은 추운 거리를 오랫동안 걷고 있었다. 재원은 추위로 까칠해진 혜선의 얼굴을 보고 마음 아팠다.

"혜선아, 우리 저기 가서 오뎅 먹고 갈까? 너 배고프잖아."

"나 배고프지 않아. 이제 집에 갈 건데, 뭐."

"난 배고프거든. 그러니까 같이 먹고 가자."

두 사람은 하얗게 김이 피어오르는 어묵 국물통 앞에 섰다. 얼어붙은 얼굴로 뜨거운 어묵을 먹으며 혜선이 말했다.

"오빠, 걸어다니니까 참 기분 좋다, 그치?"

추운 거리를 내내 걷기만 하고도 그렇게 말해주는 그녀가 재원은 너무 고마웠다.

하루는 재원이 고된 일로 심한 몸살을 앓았다. 그런데 자정이 훨씬 넘은 시간에 재원이 아르바이트하는 편의점으로 혜선이 찾아왔다.

"혜선아, 늦은 시간에 웬일이야?"

"오빠가 그렇게 아픈데 내가 어떻게 가만있어."

"교대시간 다 돼서 이제 집에 가서 쉬면 되는데, 뭐."

얼마 후 근무교대할 사람이 오자 두 사람은 서둘러 편의점을 나왔다.

"혜선아, 택시로 빨리 너 바래다 주고 오면, 난 심야 좌석버스 있
거든. 너부터 데려다 줄게. 밤엔 여자 혼자 택시 타는 거 아니래."

"오빠, 오늘은 아프니까 택시 타고 가. 심야버스 타면 의정부까
지 서서 가야 하잖아. 아픈 몸으로 어떻게 서서 가려고. 오늘은 제발
내 말대로 좀 해, 오빠. 나는 택시 타면 십오 분이면 가는데, 뭐."

혜선은 억지로 재원의 팔을 끌며 차도 한쪽으로 가서 택시를 잡
았다.

"오빠. 내일 새벽엔 도서관 가지 말고. 그리고 이거⋯."

혜선은 택시 안으로 들어가는 재원의 주머니에 재빠르게 돈을
넣어주었다. 얼떨결에 택시비를 받았지만 재원은 100미터도 안 가
서 차에서 내렸다. 그리고 혜선이 있던 곳으로 달려갔다. 하지만 그
녀는 이미 그곳에 없었다. 재원이 종로3가 쪽으로 조금 달렸을 때,
혜선은 어둠 저 멀리서 조그만 그림자를 빛내며 걸어가고 있었다.
재원은 빠른 걸음으로 혜선에게 다가갔다.

하지만 백 원짜리 동전까지 몽땅 주고 어두운 새벽길을 걸어가
는 그녀의 이름을 재원은 차마 부를 수 없었다. 한 시간을 걸어 그
녀의 집까지 가는 동안 재원은 소리없이 혜선의 뒤를 따라 걸어갔
다. 잔뜩 움츠린 몸으로 추운 거리를 걸으면서도 행복하게 웃고 있
을 혜선을 생각했다. 혜선의 뒷모습을 바라보는 재원의 가슴속으로
따스함이 밀려왔다. 그 순간 오래 전에, 혜선이 했던 말이 재원의 눈

꺼풀 위로 별빛처럼 내려앉았다.

'사랑은 상대방의 마음이 돼주는 거래. 아프고, 또 아파도 온전히 그의 마음이 돼주는 게 사랑이래.'

500원짜리 병아리

토요일 오후, 초등학교에 다니는 영수는 아빠와 밖에서 만나기로 약속했다.

오전 수업을 마친 영수는 아빠가 일하는 곳으로 갔다. 영수가 아파트에 도착했을 때, 아빠는 여전히 일을 하고 있었다. 영수는 아빠가 보이지 않는 화단에 가만히 앉았다. 연두빛 화단엔 병아리 발자국 같은 노란 민들레가 여기저기 피어 있었고, 빨간 열매들도 째금째금 열려 있었다. 영수는 웃음을 머금고 솜사탕처럼 부풀어 있는 민들레 씨앗을 입으로 혹 불었다. 하얀 꽃씨들이 눈물처럼 나풀나풀 땅 위로 쏟아져 내렸다. 그때 아파트 2층 창문이 드르륵 열렸다. 두 아이가 고개를 빼꼼이 내밀었다. 쫑알쫑알 흥분된 목소리가 영수 귓가로 들려왔다.

"형 , 누구 게 멀리 날아가는지 시합하자. 알았지?"

"응. 내가 하나 둘 셋 하면 동시에 날리는 거다. 자, 하나, 둘, 셋."

아이들은 두 손에 쥐고 있던 것을 허공 속으로 힘껏 던졌다. 손을 벗어나 땅 위로 떨어진 것은 놀랍게도 종이비행기가 아니었다. 그것은 두 마리의 노란 병아리였다. 영수는 병아리가 떨어진 곳으로 쏜살같이 달려갔다. 병아리 한 마리는 회색 콘크리트 바닥 위에 빨간 꽃잎처럼 흩어져 있었고, 풀밭 위에 누워 있는 병아리는 나팔꽃씨 같은 두 눈을 깜박이며 바들바들 떨고 있었다.

영수는 가엾은 병아리를 가슴에 안았다. 그때, 두 아이가 씨근거리며 다가왔다.

"병아리 내 꺼야. 이리 줘."

"또 던질 거잖아."

영수는 다친 병아리를 등뒤로 감추며 볼멘소리로 말했다.

"던진 거 아니란 말야. 날아갈 수 있나 시험해 본 거야. 어서 내놔."

두 아이가 그렇게 실랑이를 벌이는 동안 동생으로 보이는 아이가 쪼르르 엄마를 데리고 나왔다. 아이들 엄마는 영문도 모른 채 목청을 돋우며 나무라듯 영수에게 말했다.

"왜 남의 병아리를 가져가니? 네 꺼 아니면 어서 돌려줘야지. 빨리 내놔."

"…"

영수는 여전히 병아리를 등뒤로 감춘 채 눈물만 글썽였다.

아이들 엄마는 영수에게 다가가 병아리를 뺏으려 했다. 하지만 영수는 몸을 잔뜩 웅크린 채 병아리를 내주지 않았다.

"너 어른 말이 말 같지 않니? 참 맹랑한 애로구나. 너희 집이 어디야?"

"…"

"네 엄마 좀 만나야겠다. 도대체 아이를 어떻게 가르친 거야. 어서 앞장서, 어서…."

아이들 엄마는 험상궂은 얼굴로 버럭 화를 냈다. 그 기세에 눌린 영수는 앞장서 걷기 시작했다. 영수는 아줌마와 아이들을 데리고 아빠가 있는 곳까지 갔다. 그리고 잠시 걸음을 멈추더니 고개를 들어 아파트 위쪽을 올려다보았다.

"저분이 우리 아빠예요."

영수가 가리킨 곳을 올려다보던 아이 엄마는 두 눈이 휘둥그레졌다. 고층 아파트 외벽에서 이리저리 밧줄을 타면서 페인트칠을 하고 있던 사람은 바로 영수 아빠였다.

"저 사람이 정말 네 아빠니?"

"네. 근데 지금은 아빠를 부를 수 없어요. 높은 곳에서 아랠 보면 사고날지도 모르잖아요."

잠시 아빠 모습을 바라보다가 영수가 다시 말했다.

"얼마 전에 아빠 친한 친구 한 분이 일하시다가 떨어져서 돌아가셨대요. 우리 아빠도 높은 데서 떨어지면 이 병아리처럼 죽을지도 모르잖아요."

눈물이 그렁그렁한 채 영수가 내민 손바닥 위에는 병아리가 싸늘하게 죽어 있었다.

"아줌마, 500원이면 살 수 있는 병아리라고, 목숨까지 500원은 아니잖아요."

아이들 엄마는 멋쩍은 표정을 지으며 아이들을 데리고 황급히 사라졌다.

영수는 마음을 졸이며 아빠가 일하는 모습을 지켜봤다. 아빠의 조그만 뒷모습이 만져질 듯 가까웠다. 그때 먹구름이 하늘 가득히 밀려오더니 먼 하늘엔 바람꽃이 일고 있었다.

잠시 후 빗방울이 하나 둘씩 떨어지기 시작했다. 아빠가 하는 일은 갑작스런 비가 내릴 때 가장 위험하다는 말을 영수는 들은 적이 있었다. 아빠에게 빨리 내려오라고 말하고 싶었지만 영수는 아빠를 부를 수 없었다. 좁쌀만큼 작아진 영수 마음은 콩콩콩 뛰기 시작했다. 영수는 눈물 가득 고인 눈으로 아빠를 올려다보았다. 허공에 매달린 아빠 모습은 슬픈 병아리가 되어 영수의 눈으로 가득히 들어왔다.

"아빠… 아빠…."

아빠를 바라보는 영수의 조그만 얼굴 위로 자꾸만 눈물이 흘러 내렸다.

엄마의 꽃밭

아빠는 몸이 아파서 온종일 방안에만 누워 있었다. 초등학교에 다니는 경수는 아빠 대신 엄마가 장사하는 것이 싫었다. 학교에 갔다 오면 엄마가 없는 집은 텅 비어 있는 것만 같았다. 그런 날이면 경수는 한참을 걸어 엄마가 어묵 장사를 하는 곳까지 갔다.

경수는 김이 하얗게 피어오르는 어묵 국물통 앞에 앉아 조그만 얼굴을 엄마 어깨에 기대고 있었다. 그때 할머니 한 분이 다가왔다. 할머니가 입고 있는 외투 앞자락에는 손바닥만하게 불에 눌은 자국이 있었다. 그리고 할머니가 끌고 온 망가진 유모차 위에는 펼쳐진 종이상자가 가지런히 쌓여 있었다.

"하나에 얼마유?"

"오백 원인데요, 할머니."

할머니는 잠시 망설이더니 어묵이 달린 꼬치 하나를 집어들었다. 그리곤 김이 무럭무럭 나는 어묵을 입으로 호호 불었다.

"칠십이 넘으니까 이가 다 빠져서 음식 먹기가 여간 곤욕스러운 게 아냐."

"연세에 비해서 정정하시네요. 힘든 일까지 하시니 말예요."

"정정하긴, 뭐. 같이 있는 할망구들 과자 값이라도 벌라고 허는 일이지. 저 아래 '덕성 사랑의 집'에 있거든. 근데 할망구들이 다들 허리 아프고, 다리 아프다고 거동들을 못해."

"네."

"근데, 이게 얼마라구 했지?"

"오백 원이요, 할머니."

"나이 먹으니까 입에 들어가는 게 다 까마귀 고기가 되는가벼. 들어도 금방 까먹고, 다시 들어도 금방 까먹고. 이러다 나중엔 내 이름도 까먹겠어."

할머니는 허탈하게 웃다말고 다시 어묵 꼬치 하나를 집어들었다.

"오늘 점심은 이걸로 해야겠네. 저 윗동네까지 다 돌아야 허니까."

"네 시가 다 돼가는데 점심도 못 드셨어요?"

"이 일 하다보면 때 거르는 게 예산 걸, 뭐."

"국물하고 천천히 드세요."

경수 엄마는 할머니 앞에 있는 종이컵에다 다시 따뜻한 국물을 퍼주었다. 할머니는 두 개밖에 남지 않은 앞니로 조심스럽게 어묵을 베어물었다. 그리고 꼭 탱크가 기어가는 모양으로 입을 오물거렸다.

"아까, 얼마라 그랬지? 또 잊어버렸네, 또 잊어버렸어."

할머니는 미안한 표정을 지으며 웃고 있었다. 경수 엄마도 할머니를 따라 웃었다.

"할머니, 정말로 잘 잊어버리시네요. 벌써 세 번이나 물어보셨잖아요."

"글쎄 내가 그렇다니까."

"그럼 아까 전에 돈 주신 것도 잊으셨어요? 아까 천 원 주셨잖아요. 오뎅 두 개째 드실 때요."

"응? 내가 벌써 돈을 줬다구?"

"네. 주셨어요. 이거 보세요."

경수 엄마는 앞주머니에 있는 천 원짜리까지 꺼내 보이며 말했다.

"난, 통 기억이 안 나는데. 내가 줬나?"

"경수야, 할머니 아까 전에 돈 주셨지, 그치?"

"응? 응."

경수는 엄마의 물음에 얼떨결에 그렇게 대답했다. 할머니는 낡은 유모차를 끌고 고개를 갸웃거리며 걸어갔다. 힘겹게 유모차를 밀고 가는 할머니 어깨 위로 햇살 한 줌이 투명한 손을 얹었다. 할머니를 바라보는 경수 엄마의 눈가엔 어느새 물빛 무늬가 새겨졌다. 그 무늬의 실루엣 속에서 아름다움이 반짝거리고 있었다.

"엄마, 저 할머니한테 돈 안 받았잖아, 그치?"

"돈을 안 받은 게 아니라, 그냥 대접해 드린 거야."

"엄마는 지난번에도 집 없는 아저씨한테 오뎅 그냥 줬잖아. 엄마는 그런 사람들이 불쌍해서 그러는 거야?"

"불쌍해서 그러는 건 아니구, 함께 살아가는 이웃들을 사랑해야 하잖아."

"우리 선생님이 이웃들을 사랑하는 건 훌륭한 일이라고 하셨어."

"엄마는 우리 경수가 공부를 열심히 하는 것도 좋지만 마음이 따뜻한 사람이 됐으면 좋겠어."

경수는 알았다는 듯 엄마의 말에 고개를 끄덕였다.

"경수야, 사랑은 발이 없대. 그래서 안아주지 않으면 혼자서는 한 발자국도 걸어갈 수가 없대. 할머니는 친구들 과자 사주려고 점심도 못 드시고 일하신다고 하잖아. 우리 경수가 조금 더 크면 엄마 말을 이해할 수 있을 거야. "

경수는 엄마가 해준 말을 어렴풋이 이해할 수 있을 것 같았다. 파란 하늘에 몸빛을 헹구어낸 겨울햇살이 경수가 바라보는 땅 위를 내리쬐고 있었다. 경수는 동그랗게 등이 굽은 할머니의 모습이 멀어질 때까지 바라보았다. 할머니가 무당벌레처럼 날개를 활짝 펴고 하늘로 날아오를지도 모른다는 생각이 들었다. 경수는 국물통에서 하얗게 피어오르는 김을 바라보며 엄마가 해준 말을 몇 번이고 되뇌었다.

　사랑은 발이 없대. 그래서 안아주지 않으면 혼자서는 한 발자국도 걸어갈 수 없는 거래….